U0029649

反造再起
城市共生ING
CITY COMMONING

侯志仁——主編
JEFFREY HOU —— Editor

各界推薦

山崎亮｜studio-L代表、慶應義塾大學特別招聘教授
木下勇｜千葉大學園藝學研究科教授
呂欣怡｜台灣大學人類學系副教授
孫啓榕｜孫啓榕建築師事務所／建築師
徐世榮｜政治大學地政系教授
高耀威｜正興國理事長
張鐵志｜文化與政治評論者
陳東升｜台灣大學社會系特聘教授
陳育貞｜台大城鄉基金會宜蘭分會會長、台大城鄉所兼任副教授
喻肇青｜中原大學景觀學系榮譽教授
黃麗玲｜台灣大學建築與城鄉研究所副教授
廖桂賢｜台北大學都市計畫研究所副教授
廖嘉展｜新故鄉文教基金會董事長
劉柏宏｜經典工程顧問有限公司主持人
響庭伸｜東京首都大學都市環境科學研究科教授
龔書章｜交通大學建築研究所所長

每次造訪台灣，從事社區營造的朋友都會帶我去看一些有趣的案例，結果本書介紹的所有地方我幾乎都去過了，主事者們的熱情令我印象深刻。對老建築的愛、對社區生活的努力、對台灣獨特設計的摸索、召集值得信任的夥伴一起工作的意義等等……經營團隊每天在嘗試錯誤中前進。我希望讀者從此書讀到的，不只是案例的梗概或具體的操作手法，而能從中看出

經營者的志趣和人格特質。

——山崎亮（studio-L代表、慶應義塾大學特別招聘教授）

城市需要一些逆向的思維去翻攪，才能從既定的呆板發展中創建新意。多年前讀了侯老師的《城市造反》得到許多衝擊性的啟發。如今《反造再起》出版，彷彿某種逆轉城市的號角再次響起。

——高耀威（正興國理事長）

本書所挑選的案例，都是具有社會創新理念的團隊精彩動人的經驗，對於我們想像未來社會的願景具有高度的啟發性，值得深度閱讀。

——陳東升（台灣大學社會系特聘教授）

《反造再起》案例中的共生創意與行動耐人尋味，其中跨域、跨層的對話與反思更是令人深省，值得作為課堂上的讀本，也盼能帶動大眾的討論。

——喻肇青（中原大學景觀學系榮譽教授）

都市發展可以有很多不同手段，砍掉重練、夷平再來的發展方式，不但不正義、不經濟、不文化、不環保，而且其實很老土。從《城市造反》、《反造城市》到《反造再起》，我們看到了許多酷極了的「非典型」規劃術，在思維翻轉的明天，這樣的規劃術應該成為典範。

——廖桂賢（台北大學都市計劃研究所副教授）

城市的變遷是人類處境的縮影，我們看見資本化、體制化的巨大力量，改變亙古以來的景觀。人的內在被輾壓而過，失落的想拾起，不滿的想反抗，有憧憬的想創造，城市的反造是必然。如何跨界合作，共同面對發展中所生成的瘡疤，或是創造共存共榮的共和生態環境，這是極大的功課，也是不能逃避的使命。

——廖嘉展（新故鄉文教基金會董事長）

《反造再起》與前幾本受到歡迎的書一樣，透過田調挖掘各種不同的案例故事，讓這些案例被更多人瞭解並一起行動。身為反造行動者之一，除了大力推薦本書外，也感謝侯老師辛苦投入編寫而發揮莫大的影響力。

——劉柏宏（經典工程顧問有限公司主持人）

CONTENTS

作者群

朱冠蓁——人生百味共同吃飯人。與夥伴發起了石頭湯計畫、貧窮人的台北等怪活動，並共筆寫出一本有得獎的書：《街頭生存指南》。設計系畢業，熱愛設計但很少做；非社會系畢業，卻常被抓去聊結構性問題。不擅社交，但每項發起計畫都與人緊密貼合。不溫柔，但願意溫柔待人。是個胸無大志，僅僅是喜歡與弱勢一方並肩、共同翻轉主流價值的人。

羅秀華——目前任教於輔仁大學社會工作學系，畢業於台灣大學建築與城鄉研究所博士班。實務工作者是她的生涯認同，大學學社工，在弱勢社區專職兩年後到馬里蘭大學讀完社區規劃碩士班，接著在實務界浮沉十五年後，重回台大當學生。學習、實務、教學與研究，在實戰狀態中參與了萬華協力、弱勢社區、關懷據點、自助團體、聯合勸募⋯⋯。

蘇睿弼——喜歡在都市閒逛、路上觀察的建築人，日本東京大學工學博士，專長為都市設計、都市形態成長與分析、都市再生，目前為東海大學建築系專任助理教授、社會實踐暨都市創生中心主任，二〇一二年成立中區再生基地，結合設計教學、帶領年輕人重新認識舊市區，並扮演市民與政府之間的橋樑。二〇一八年成立中城再生文化協會，並擔任理事長。

許瀞文——美國華盛頓大學人類學博士，現為國立清華大學人類學研究所副教授。研究主軸為都市生活與空間政治，研究地點包括高雄、台北、以及洛杉磯。特別關注全球化、治理、與殖民歷史如何交錯在實質的空間，以及居民如何回應都市生活與空間的變遷。

曾憲嫺——日本東京大學工學建築學博士，是有著老靈魂和創意思維的水瓶座人，專長都市與建築保存再生、文化資產保存再生規劃。在成功大學都市計劃學系任教後，從關心都市景觀保存，到推動都市更新整建、維護的南台灣實踐，進而致力於落實歷史街區再生的整體振興策略、實踐多樣的歷史老屋活化。

連振佑——中原大學景觀學系助理教授，台灣大學建築與城鄉研究所博士，曾任經典工程顧問有限公司專案經理、文建會助理研究員。長期關注環境與人的關係、提倡「社群協力營造社區」概念，努力促成Place-making、地方再生、以Temporary Urbanism理念促進「空間分享」；致力以參與式規劃設計手法邀請更多關係人共同邁向協議、自治及共享的生活環境，實踐社會責任。

施佩吟——大學念公共政策，喜歡走進社區的踏實感，畢業第一份工作在鹿谷茶鄉進行田野調查研究，後來去念台大建築與城鄉研究所。人說十年磨一劍，迄今持續投入社區營造，發現越柔軟越彈性越能成事。喜歡連結不同的人和群，專注於都市空間的行動策略、模式和機制，現任原典創思規劃顧問有限公司副執行長。

綠點點點點——駐守在台北市的社區，足跡遍及雲和小客廳、古風小白屋、芒果香草園等處。團隊以共同勞動緩和都市的疏離感，以改造棄物活化人與物的關係，以餐桌上共食與共享重拾互動的樂趣。而且，成員們擅長整修廢棄的空間，使人、工具、植物、木材、紙板在這些社區的空間之間流轉及組合，從而創造出更多可連結的點。

李仲庭——地下勞動合作社負責人。出生於台灣解嚴那年，畢業於台大社會學系；做過企業資訊系統導入與管理顧問，待過社運團體和社福機構；近幾年嘗試經營合作事業與社群空間，也進修公共行政與財務金融。相信「以人為本、社群共享」的社會經濟（Social Economy）典範，是反造城市的可行策略，只是靠自己還不夠行。

潘信榮——玖樓共同創辦人，畢業於台灣大學建築與城鄉研究所。身為在台北的無殼蝸牛，二〇一六年與朋友正式成立玖樓，致力於以社群為核心，建立更好的居住體驗，過去三年多陸續將三十幾戶老公寓，改造為易於人與人交流的共同生活空間（co-living space）。邁向二〇一九年之際，玖樓亦推出了一整棟型式的共生空間，期望能成為周遭社區的另一種節點，將共生的概念向外延伸。

張正——曾任金馬獎執行委員會專員、台灣立報副總編輯、四方報總編輯、電視節目「唱四方」製作人、文化部東南亞事務諮詢委員。現為燦爛時光東南亞主題書店負責人、移民工文學獎召集人、「帶一本自己看不懂的書回台灣」發起人、行政院新住民事務協調會報委員。著有《外婆家有事：台灣人必修的東南亞學分》。

海辰——美國華盛頓大學景觀建築碩士，喜歡嘗試新鮮事物，因緣際會於大學時期參加台北市青年社區規劃師培訓，並組成大猩猩綠色游擊隊，開始關心都市環境與農耕議題，學習樸門農法。目前任職於台北市政府產業發展局，辦理田園城市社區園圃推廣相關業務，希望更多人因參與園圃耕種，進而走入社區事務，開創各種可能。

都市農耕網——簡稱「都農網」，於二〇一四年五月成立，是由許多都市農耕參與者與非營利組織工作者所組成的公民團體，主旨在於推廣都市農耕，並且在臉書社團「都市農耕網」上聚集了越來越多理念相同的人，形成一個關心「都市園圃」、「家庭菜園」、「食物安全」、「城鄉農業」、「政策執行」的公民社群。目前的工作為建立公開社團與鼓勵都市農耕資訊分享、持續更新全台公共園圃地理圖資，並監督各縣市都市農耕市政執行。

李玉華——還我特色公園行動聯盟（簡稱「特公盟」）成員。特公盟是由一群關心兒童遊戲權利的媽媽為核心而串連的專業公民團隊，自二〇一五年起，投入翻轉台灣遊戲環境的運動，積極對官員及民代進行倡議，引介國外遊戲政策、論述與實例，並與公私部門合作，改造全台超過八十個公共遊戲空間；也透過演講及媒體宣傳，進行公眾教育，致力於確保兒童實質參與遊戲空間規劃，並協助在地社區的集結投入。

前言

侯志仁——文

PREFACE

出書是一件奇妙的事情，特別是書寫的對象就是正在發生中的事情。

《城市綠化、社區茁壯：向西雅圖的社區園圃學習》（*Greening Cities, Growing Communities*）是我第一本合作撰寫的書，二〇〇五年當我們還在做田野調查與寫作時，都市園圃還是個頗為冷門的議題，原本說好的出版社怕書賣得不好，還臨陣脫逃與我們解約，做為一名作者，除了電腦當機、檔案消失之外，大概沒有比這個更悲慘的事了！後來自家的華盛頓大學出版社願意接手，才得以順利出版。書的出版雖然延宕到二〇〇九年，這一延卻讓我們遇上全新的時機，當年正值美國第一夫人蜜雪兒·歐巴馬在白宮的草坪上開闢一處菜園，而全球各地也燃起一波都市農耕的熱潮，當年答應出版社沒有拿版稅，真是太可惜了。

一年之後，籌備已久的第二本書《反叛的公共空間》（*Insurgent Public Space*）緊接著出版。之所以會有這本書，其實只是我在華大升等後，想寫些有趣的東西，於是邀集了一群同好將一些我們覺得精彩的城市造反案例編輯出版。沒想到，接著一年之內，先是突尼西亞街頭起義，開啟了「阿拉伯之春」，不久後反政府削資的西班牙15M（五月十五）運動攻占了馬德里的太陽門廣場，幾個月後「占領華爾街」行動也在紐約發生，一瞬間占領運動席捲全球，公共空間的奪回與占領，催化了新一波的社會運動，公民起義挑戰了新自由主義下的政治法則。在這同時，面對著房市泡沫化所造成的經濟蕭條與發展停滯，一波臨時性與即興式的城市改造行動也隨之興起，所謂的「戰術型城市主義」（Tactical Urbanism）於二〇一二年被Planetizen網站評為當年最重要的規劃風潮之一。《反叛的公共空間》的出版，對當時正在興起的placemaking運動提供了論述與方法上的基礎，即空間的改造不應只是專業者的專利。

《反叛的公共空間》就是《城市造反》與《反造城市》這兩本書的前身，而這兩本書於二〇一三年出版時，也正值台灣社會新一波的蛻變。一連串的社會運動與公民行動，不僅開創了台灣政治的新局面，也帶動了新一代的政治與社會啟蒙。二〇一四年，反服貿的太陽花運動在立法院爆發。雖然剛好必須趕回美國無法來到現場觀察，但這場運動後的社會變革與新興的社群組織，後來卻成了我的研究題材，也就是這本書的內容。

二〇一五年，有幸得到傅爾布萊特計畫與學術交流基金會的贊助，我有半年的時間回到台灣，以「城市共生」為題，研究當時許多正在起步中的社群活動。這本書裡大部分的案例，就是在當時田野調查時所接觸、認識，甚至有幸參與到；這些案例中的故事構成本書的主體。當時的田野工作有賴於許多朋友的協助，才得以順利完成，其中最大的助力來自於經典工程與原點創思的朋友們，包括劉柏宏老師、連振佑老師、施佩吟、王俞棻、詹育芳與黃思靜。他們不僅幫我牽線認識新的朋友與團體，還出錢出力舉辦以「城市共享、反造城市」為題的一場座談會，讓當時這些新興團體的夥伴，有機會共聚在南機場二期公寓地下室的空間，這個空間後來變成了「南機拌飯」。

當天的活動，也幸虧有了綠點點點團隊的幫忙，特別是虞葳大哥與黃芳慧老師的協助，綠點點點的其他夥伴包括譚琪與唐荷園，也在田野過程中提供不少協助。當時田野的訪談對象還包括了玖樓的潘信榮、混公社與plan b的游適任、景澤創意的吳思儒、Fablab Taipei的洪堯泰、Impact Hub Taipei的Rich Chen，以及夢想城鄉的徐敏雄老師等人。除了正式的訪談外，我當時也利用在台北的時間經常亂入一些社團的活動，就近觀察，包括One-Forty的「東南亞星期天」、萌點黑客松、貳拾號公民會所，還有小柴屋以及台北市社區規劃師駐點工作室的工作坊。除了台北之外，我也利用出外演講的機會盡可能拜訪其他各地的案例，包括宜蘭的松園小屋、花蓮五味屋的顧瑜君老師，還有高雄的有間書店、作伙、打狗文史再興會社、MakerLab。這半年的停留也所幸有台大城鄉所張聖琳教授的協助，得以在城鄉所公館有個旅途中的落腳之處。

《反造城市》原本並沒有規劃續集，之所以會有《反造再起》的出版，其實必須感謝南機拌飯與地下勞動合作社的李仲庭。有一天仲庭越洋傳了個簡訊給我，看能不能放幾本《城市造反》與《反造城市》在他那裡賣，結果與出版社聯絡後得知書都賣完了，幫不了忙。書賣完了，怎麼辦？一路討論下來就這樣開始了《反造再起》的規劃。左岸文化大部分的出版品都是國外大師的經典作品，我們這一系列既不「正」派也不太正經的書得以一再出版，還得感謝編輯林巧玲與總編黃秀如的賞識與大力支持。

最後要感謝的是本書的作者，他們每一位都是案例背後的推手或是文武雙全的參與者，沒有他們和其他案例中的主角，就沒有這些精采的故事與成就。記得二〇一五年底，我受邀請在學術交流基金會發表期末的成果報告，坐在觀眾席中的台大公衛所詹長權教授問了一個至今仍印象深刻的問題，他問我：「你覺得這些案例會持續多久？」其實我自己也很想知道，這些當時甚至才幾個月大的行動，究竟有多少的持久性？如今，幾年之後，他們不但大多數都還健在，甚至都成功地拓展，組織成員也不斷地增加。這些案例的成長與茁壯不僅令人驚艷，也讓我們對城市共生的行動感到了希望。

這本書最後的編輯期間經歷了台灣社會又一次的變動，二〇一八年十一月公投與選舉的結果，讓台灣在國際上的進步聲譽遭到極大的打擊，也讓許多社會中的進步團體感到挫折。這本書的出版或許可以藉機提醒大家，我們的社會中還是有許多進步的力量，而社會的推進需要彼此更多的努力，城市共生就是一個跨越同溫層的方式與途徑，讓我們一同再接再厲。

侯志仁・於西雅圖／台北

二〇一九

導論 城市共生．反造城市

侯志仁——文

二十一世紀的城市，隨著科技與社會的演變，經濟與空間營造也有新的嘗試與突破。新的技術平台配合著生活便利的需求，衍生出所謂的「共享經濟」(sharing economy)，手機上一個個的APP，讓消費者可以隨時點入，滿足行動、娛樂、工作與其他物質的需求。透過大數據與新的便利，有人認為共享經濟是未來商業發展的新模式，但也有人認為它只是市場經濟下的另一種剝削，讓勞動（與消費）更有彈性，卻也更無止境地為資本服務、窮忙；在共享經濟下，都市空間的使用雖然更加靈活，但卻有越來越多人負擔不起高漲的房租。當無法負擔起昂貴房租或房價的市民被迫遷移後，城市環境原本的多元性與多樣性也隨之消逝。

在這個以創新掛帥、充滿顛覆的時代，隨著城市開發的不可預測以及公民能力的提升，都市設計與再生也有了新的做法。所謂「創意式的地方營造」(Creative Placemaking，或簡稱為placemaking)，以臨時性的改造與戰術型城市主義（Tactical Urbanism）的做法，在全球異軍突起，特別是在最近一波的經濟蕭條時期中，為諸多城市再生的過程注入新的活力。相對於一般耗時又耗力的專業流程（提案→預算編列→規劃→

URBAN COMMONING, CITY REMAKING

設計→施工等），placemaking普遍運用更具彈性的方式與語彙，讓空間以至於社區的改造方式有了更多的實驗性與可能性。包括道路與開放空間的改造，甚至災後重建，placemaking讓許多公民的創意得以展現。相對於傳統菁英主義式的都市規劃，placemaking讓更多的社區居民、非專業者、甚至藝術工作者，都有了參與的機會與角色，不僅活化了城市空間，也活絡了社會上原本絕緣的網絡。

但隨著案例的快速增加，placemaking的論述與行動也漸漸受到批判，甚至有人提倡反向的place-keeping，以地方生活的保衛，對抗仕紳化的潮流與迫遷的勢力。此外，與資本化的「共享經濟」一樣，placemaking也有個死穴：即它所代表的靈活、彈性甚至低成本的操作，也有可能被制度與資本所收編。在美國舊金山，placemaking一躍成為市政府所推動的政策，但象徵著placemaking之「微公園」（Parklets）設置，固然使街道更為友善有活力，卻催化了社區的轉變，包括人口與社會結構的仕紳化，原本以勞動階級為主但充滿多元生機的社區，轉變為科技貴族、（假）文青與外地遊客的天堂。除了政府機構外，placemaking也漸漸成為另一種開發工具，開發商在初期歡迎藝術工作者與居民參與地方營造的行動，為地方帶來活力，但往往一旦社區活化成功，也就是參與者被連鎖企業或都市食物鏈的居上者取代的時候。

Placemaking或「地方營造」在正規化與制度化過程中所遭遇的囧境，不禁令人想起日本政府近年來所推動的「地方創生」政策。面對著鄉村與小城市人口的萎縮與老化，以及經濟的停滯，再加上東北大地震的衝擊，這些現在統稱為「地方創生」各式各樣的行動，在日本不少偏遠地區展開。這些過程中有不少的專業者與志願者，延續了過去四十年已經在進行的町並保存運動與造町（まちづくり）運動，為地方投入心力並串聯相關的資源，有了具體的成果，營造出眾多令人注目的案例。在重振地方經濟的大旗下，「地方創生」也在近年成為安倍內閣的重要政策，並以計畫型的方式編列預算來推展，補助地方政府所提上來的方案，但這種體制行的做法卻受人詬病，甚至被質疑為「用過去出現問題的執行方式換個名稱，再度執行」（木下齊／二〇一八），與不少成功案例的模式背道而馳。如今，「地方創生」也成了台灣官方所推動的政策，在同樣的脈絡下，台灣是否能避免重蹈覆徹？所謂的「地方創生」是否反而造成「地方創傷」？

城市共生 Urban Commoning

「共享經濟」、「地方營造」與「地方創生」為二十一世紀城市與社會的演變提供了不同的想像，但除了這些模式之外，我們是否還有別的選項？與其於依附於資本與國家體制，平民百姓與公民團體有沒有其他的出路？

「城市共生」就是一個有點類似，又不盡相同的概念。相對於被資本收編的共享經濟，「城市共生」強調的是市場機制之外，群體與個人間的協力、合作與共榮；對照

著多半曇花一現、短期的placemaking行動，「城市共生」著眼的是系統性的循環與延續，共生需要一個持久的理念與關係的建立；相較於容易落入事業導向或物質環境改造的「地方創生」，「城市共生」的核心則在於社會與社群關係的建構與資源的再生產，做為合作與地方活化的基礎。此外，「城市共生」更代表了公民社會自我治理與監督體制的能力，強化城市作為一種共同財產（common property）與公共領域（public realm）的概念，翻轉城市空間與土地資源長期一再被圈占的趨勢。從這幾點來看，城市共生就是「反造城市」的一條途徑。

本書所指的「共生」，意思近似於英文的Commoning，而Commoning一詞則是從Common（共有地或共有資源）的概念所衍生出來。經濟學家與諾貝爾獎得主歐斯壯（（Elinor Ostrom）也是目前獲得該獎的唯一女性）就是近代研究這個領域的佼佼者，歐斯壯（1990）的研究探討社會或社群是透過哪些機制來管理共有資源（common property resource），特別是自然資源。她認為這些機制包括互信、決策的參與、衝突的調和，以及不同層級的管理系統。而且這些機制不必然透過國家機器或市場機制，而有可能是社群集體性的自我管理。

近年來，隨著社會與論述的演變，Common的概念有了顯著的改變，相較於過往對Common視為是共有地或共有的物質資源（包括水、空氣、土地等），政治哲學學者哈特和奈格里（Michael Hardt and Antonio Negri）（二〇〇九）認為Common也可以被解釋為有助於社會互動與再生產的媒介，這裡所指的Common包括了知識、語言、規範、資訊，甚至情感（affect）。[1]也因此，他們認為人類文明需要更致力於人們彼此之間的互動、照顧與共同的生活，推動共生有利的一面，並限制對它的損害。丹麥學

圖1
美國舊金山教會（Mission）區：曾經是代表公民力量，把停車格改為開放空間的微公園（Parklet），如今成為社區仕紳化的指標。（侯志仁／攝）

者博世（Christian Borch）與柯恩貝格（Martin Kornberger）（二〇一五）則認為城市本身就一個common——一個被共享的共同體，而且共享並沒有消耗城市的資源，反而創造了更多的價值與利益。

隨著近幾年全球社會運動的興起，Common一詞也被賦予新的政治意涵，地理學者查特頓（Paul Chatterson）（二〇一〇）指出：Common代表了一個新的政治想像與語彙，同時也是社會志向和組織動員的工具。哲學家帕爾（Adrian Parr，二〇一五，頁八七）進一步認為「城市共生」（Urban Commoning）涉及了三個過程：「第一，它是一項致力於連結個人、地方、國家甚至國際間抗爭的政治行動；第二，它是一個建構另類價值與生產模式的都市化過程；第三，它是一個可以具體改造獨占性所有權（exclusive ownership）體系的協力行動」。政治學學者赫斯（Charlotte Hess，二〇〇八）則對新的Common定義為：「為保護資源免於被圈占，或為開拓新的資源共享，進行自我治理的社群」，她並進一步認為，近年來這一類社群的興起，以及它們所發展的自我治理、合作與集體行動的形式，代表了對現今社會日益私有化、商品化、財團化、全球化，以及政府無所作為的反應。

換句話說，新時代的「共生」，就是自己的ＸＸ自己救，只不過「自己」不只是單一的個體，而是個群體。

一 從西歐到東亞

城市共生不僅只是論述上的名詞，它更是一系列早已在全球各地開展出來的行動。在歐洲，從赫爾辛基到阿姆斯特丹、從柏林到維也納，城市內的空地與空屋，成為九〇年代「共生」實驗肥沃的土壤，提供了藝術、商業與居住的另類場所（Urban Catalyst，二〇〇七）。在愛爾蘭首都都柏林，為了因應房租高漲的困境，當地的青年與藝術家即透過募款、會員制度與以食物換取合租等方式，發展出共享的「獨立空間」（Independent Space）。這些空間被做為展覽、表演與藝術創作的場地，同時它們也可能是工作、政治集會甚至是種菜的空間（Bresnihan and Byrne，二〇一四）。

空地作為實驗的土壤在紐西蘭的基督城也可以看到，當地在二〇一〇與二〇一一兩年連續發生兩次的大地震，使市容遭到嚴重的毀壞，到處都是房屋毀壞遭拆除後的空地。面對災後緩慢的重建過程，一群藝術家突發奇想，開始在城市一片片閒置的空地，進行簡單卻有趣的改造，有的空地被轉變成簡易的高爾夫球場，有的成為戶外舞台，更有的被佈置成為蚊子電影院，並用騎腳踏車發電來提供投影機的電力。趣味的裝置，讓災後破碎、沉寂的市容有了即刻的轉變，也讓參與的民眾產生了成就感與使命感。從這些行動出發，這個名為Gap Filler（填補劑）的團體，目前已經成功地轉型成為一個專注於城市再生的規劃團隊與社會企業。

在東亞，城市共生的行動也逐漸露出頭角。在首爾，面對房價炒作加上低薪與職位難求的窘境，住屋共享成為一種趨勢，而Bin-Zib（빈집）就是一個共居的實驗群體。意指「空屋」或「客房」（Han and Imamasa, 2015），Bin-Zib的「發起人」用共享的方式讓更多人可以一起合居，這裡每個人都是住客，有著平等的權利，而收集來的「傳貫」

1 Hess與Ostrom（2007）也認為知識是一種共同資源，而且相對於一般的自然資源，它是一種非消耗性（non-subtractive）的資源。

（韓國租房制度內的一種保證金）（馮景行／二〇一七），讓他們更進一步集資成立稱為Bin-Go的合作銀行，從事新住屋的開發、經營咖啡廳，甚至支援公民活動的費用，這個組織在市政府近年來推動「共享城市」之前，就已經行之多年。

在香港，隨著雨傘革命而來到高潮的社會運動，也催生了城市共生的行動。「傘兵」團體在占領行動被迫解散後，回到各自的社區與社群內，延續著運動的理想與動能。其中一群在街頭上為大學生打造自習區的匠師與技工，連同志工成立了一個名為「維修香港」的團體，打著「維修香港，先由社區維修開始」的口號，透過免費為居民修繕居所的方式，進行社會動員，累積運動的能量。而團體的運作也吸引了原本生活不太會有交集的工匠、社工人員、大學生與上班族，他們不僅關心在地社區，也時常支援其他的社會運動。超越傳統的勞動關係與商業交易的模式，進而注入新的社會與政治的關懷，「維修香港」就是一個城市共生的精彩案例。

同樣在香港，「街坊排檔」則是在油麻地的一處非正式的共生實驗，於二〇一五年十一月由設計師梁志剛和一群朋友們共同發起。原本只是想透過攤位來認識社區、連結不同領域的市民，嘗試一個社會實驗。後來「街坊排檔」衍生成一處自由定價的二手店，店裡的物品多是居民、好友、甚至

圖2
Gap Filler最著名的案例之一：Dance-O-Mat，用簡單的器材將空地轉變成街頭跳舞共樂的即興場所。（Trent Hiles／攝）

資源回收者所捐贈，在這裡「買賣」只是一種形式，更重要的是城市裡人與人之間的交流，而「自由定價」的意義，更是希望讓人可以反思物品的價值。除了擺攤外，街坊排檔的成員也定期在街上舉辦活動，包括電影放映（雖然據說有時會忘記辦），更重要的是社區的互動隨著路人與居民的經過，自然就發生，包括聊天、繪圖、下棋、說故事等活動，成員們也曾一度還在路邊種起菜來，從事都市農耕的實驗，直到被警察驅趕才將大大小小的菜盆移至旁邊的巷道繼續種。

上｜圖3
維修香港集聚了一群志同道合的工匠、大學生、社工人員與志願者，投入社區工作。（侯志仁／攝）

下｜圖4
位於香港麻油地的街坊排檔，由一個的社會藝術實驗，演變成為社區的日常空間。（侯志仁／攝）

從西歐到東亞，這些城市共生的行動有幾個共同的特性，首先，至少他們在一開始時，都是在體制之外，以由下而上、相互協助、自我組織的方式，來因應城市發展過程中的議題與困境，包括經濟發展的不平等，特別是高漲的房價。第二，他們的行動充滿活力與創意，以基督城的 Gap Filler 為例，他們創意來自於一群市民對城市空間與發展的重新想像，當他們在經營共生實驗的同時，他們同時也在創造一個新的城市。第三，透過對另類生活方式與價值的追求，這些案例展現了對現有經濟、政治與城市治理體制的抵抗與反思。

一 城市共生在台灣

在這一波全球的城市共生運動中，台灣當然也沒有缺席。從城市中心到邊緣，由南方到北部，「城市共生」雖然還不是個響亮的名詞，但協力共生的理念與精神卻已蘊含在實際的行動中。這本書中，我們挑選了十二個案例，分別代表不同領域與不同背景下的實踐。有的案例致力於關懷社會裡的弱勢群體，包括街友、學生與孩童；有的則試圖在城市中開闢新的公共領域、打破原有生硬的疆界；也有案例嘗試透過「共生」的方式來推動城市的活化與「再生」；另外，仍有些案例是在公部門計畫的支持下來進行，其他則選擇遊走邊緣，當然也有案例仍維持獨立運作，依靠成員的熱心與奉獻，更有的已經發展出社會企業甚至商業化的運作方式。「共生」在本書中沒有固定的模式，它所呈現的多元面貌反而是一項特徵與特性。

首先，在「人生百味」與「萬華協力」的案例中，我們看到不管是新一代的網路動員模式與活動企劃，或是資深團體已經發展多年的人脈與社會網絡，串連與合作可以讓社會上的資源帶給被需要的弱勢族群。而且更重要的是，這個過程不只是資源的再分配而已，而是讓更多人能夠接觸、看見，進而認識、理解這些弱勢族群所遭遇的困境與社會結構的問題，同時並陪伴與建構新的社會以及團體之間的關係。

接著，在「台中中區再生基地」與「高雄哈瑪星街區保存」的案例中，我們看到「共生」與「再生」的結合。在沒落已久的台中中區，大學教授與學生透過工作坊、展覽與各項活動的策劃，吸引志同道合的朋友，共同來關心舊城區的過去、現在與未來，催化了中區街區的再生運動。在高雄哈瑪星，「再生」的過程則透過在地團體所辦的市集、步行與實際的老屋修復來進行，這些行動所修補的不僅是城市的歷史街區，更是市民生活的紋理與想像，並藉此進行對都市開發的批判與公共生活的追求。

城市共生是否可以結合體制與民間的力量？「共生」行動是否必定站在體制的對立面？在台南老屋新生與台北Open Green的案例中，我們看到民間與政府合作的可能性，結合公民社會的力量與公部門的資源（畢竟也是屬於全民的），透過專業團隊的協助與陪伴，讓破舊的老屋與城市的閒置空間，得以用共生與公共化的方式得到改善與活化，進而打破城市原有的空間與社會甚至是政府與民間之間的疆界。這過程中，「共生」也讓舊建築與閒置空間的再利用，得到新的創意，並滾動新的社會關係，成為城市再生過程中的社會、知識與政治資本。

「古風小白屋」與「南機拌飯」就是台北Open Green計畫中，兩個表現相當出色而且仍不斷成長中的案例。兩者都對都市原有的閒置空間進行改造，但這兩個案例不僅是硬體空間的改造而已，它們更帶動了社群與社會關係的再造。小白屋的工具分享與社區修理站的經營，重新建構著社會中人與人，甚至人與環境的關係，互助、交換與交往取代了消費與絕緣，回收與再利用代替了丟棄與浪費，透過物品的修復，人與人、人與環境的關係也被修補起來。在南機拌飯的案例中，南機場二期公寓地下室閒置的市場空間，透過Open Green計畫補助所進行的改造，吸引了新興社團的入駐，寬闊又可彈性使用的空間，加上新設的社區廚房，讓不同的活動可以在舉辦，也讓不同的團體甚至居民可以刻意或不刻意地在這裡聚會，形成一處獨特的共生空間與秘密基地。

如以上所述，城市共生的一大效益，就是在重組社會中的網絡與關係，而這個重組的媒介可以是空間、可以是活動，也可以是一本本的書。在「燦爛時光」的案例裡，書店與書本讓游離在外的東南亞移工得以在台北有個身體與靈魂可以依靠的角落，書店與書本也衍生出文學創作與發表，串連起跨文化的交流。在「台北玖樓」的案例中，日常生活的居住空間扮演了「共生」的媒介，而「共居」的方式也在初期讓無法負擔昂貴房租的青年與大學生，得以在城市找到棲居的角落，「玖樓」公寓中刻意的擺設、房客的組成以及活動的規劃，也讓更多人得以有更多選擇決定棲居的姿態。相較於被區隔的獨居空間，「共居」的方式讓他們在城市中得以有不同的生活樣貌。

圖5
南機拌飯不僅是駐地團隊的工作場所，也是團隊成員與社區居民共樂的秘密基地。（侯志仁／攝）

來自公民社會的「城市共生」，也有可能進而影響政府的施政與決策。在「都農網」的案例中，我們看到一群關心食農與都市農耕的團體與個人，如何在關鍵性的政治過程中，開展他們的論述與集體的影響力，透過具體政策的擬定與落實，以及持續的監督與倡議，讓都市農耕的操作，得以在台北市獲得成效，進而擴散到其他城市，而都市園圃本身就是一種「城市共生」的模式，耕作與食物成為人與人之間互動、協力的媒介，連結彼此也連結大地。最後，在「特公盟」的案例中，我們也看到類似的過程，一群志工媽媽與家長們在為孩童爭取符合他們需求的遊戲場，透過動員與遊說，影響具體的政府決策。同時這個志工組織的形成與運作，也是「城市共生」的展現，透過協力、合作與串連，增強自己的知識與組織能量，爭取孩童的權益。

城市共生的挑戰

不管是台灣或是其他地方，「城市共生」固然有它充滿活力、創意與成功的一面，但其過程中也當然充滿著困難與挑戰。城市共生在拉近人與人的關係時，不免也會產生觀念與價值上的爭執與折衝。此外，民間自發的共生行動，在試圖跳脫現有城市規範的限制時，也不免會與現存的體制與法令有所碰撞。

在許多案例中，我們看到許多參與者的投入與熱情，有許多的活動均是參與者在工作之餘，透過自發與額外的付出所經營出來，這種模式雖然避開了金錢的束縛，但在沒有其他資源的注入之下，能否長期持續下去？有些案例在政府資源的援助下，得到起步的動力與能量，但政府資源的規範也限制了它的發展，政策的變動也可能帶來不確定性，在這些狀況下，這些案例能否找到自主生存的途徑？而與公部門合作的過程中，公民團體如何維持行動的批判性與組織的主體性？如何避免產生對資源的依賴？而即使發展了自立自足的自營模式，共生行動如何避免商業運作的詬病？

一般在西方的論述中，「城市共生」基本上排除了國家機器與市場機制的介入，甚至是站在對立與批判的立場，但在東亞國家的政經與文化背景下，城市共生的行動是否能否超越這種絕對性與二元化的劃分？換另個角度來看，國家與社會體制不也是公共領域與公共的資源？我們如何改變常見的主從關係與支配性的結構？城市共生是否能夠深化民主的制度與文化？

在世界各地，某些城市共生行動中，追求獨立於體制之外的做法，被視同是「無政府主義」的表現，但相對於一般對「無政府主義」毫無法紀、缺乏約束的偏見，城市共生中的自我治理實際上是需要每個參與的個體更多的投入與付出。就如歐斯壯所研究的共有資源的管理，共生也需要一定的規範、法則與共識。簡單說，城市共生中自我治理機制的複雜性可能不下於體制中的規範。共生行動中如何形成可操作的共識與規範，也是共生行動能否長久持續的一大關鍵與挑戰。

最後，這些個別、零星與有些甚至鬆散的共生行動，如何累積、成長、壯大，進而挑戰廣大的社會、經濟、政治與文化問題？這些「微型」的戰術與策略是否能夠介入甚至顛覆巨型的結構？這些團體與網絡是否就是社會中龐雜問題的解方？或是它們只能彌補主流體制的不足？這些共生行動是否最後只是形成另一個平行的世界、同溫層？

這本書的許多案例在反映這些挑戰的同時，也提示了部分的解答。

城市共生、反造城市

城市與社會是個不斷變化、演進、盤根錯節的集合體，而「反造城市」的行動也必然隨著進化、轉變，尋求新的途徑。「反造」代表著對城市霸權結構的不從與反抗，它可能是狹縫中的求生之道，也可能是更積極、正面、有組織性的替代行動。相對於體制化的城市治理與營造，城市的「反造」代表一種批判性的思維與行動，而反造的過程也突顯了公民與公民團體的韌性與創造力。

在《反造城市》第一輯中，我們收集了台灣當時已經發生，或正在進行中的自發性的城市改造運動，其中有不少是公民面對體制的抵制與抗爭行動，包括溪洲部落、瑠公家園、土城彈藥庫與樂生療養院的反迫遷行動；也有日常的「城市游擊」，包括菲律賓移工的假日活動、高雄新崛江與台北士林攤商的空間戰術，以及大猩猩游擊隊的城市綠化行動；此外還有新的空間與社會實驗，包括台大師生在新北城市周邊的農學行動、溫羅町獨立書店聯盟的「反主流文化」(counter-culture)串聯，以及具爭議的台北好好看計劃中，專業者為爭取城市公共空間所嘗試的突破。這些案例代表了對過去都市規劃體制的批判與反思，我們稱這些行動為「非典型都市規劃術」。相對於體制內、制式的規劃模式，我們認為這些行動提示著社群、社區與公民的行動力與作用力，所謂的都市規劃不只是專業的範疇，它更是公共事務，是公民可以使力的領域。而這股力量不僅可以制衡體制的慣性與不足，它更可以具有開創性，引導城市未來改造的方向。

《反造再起》延續了這個思路，在抗爭、游擊與開創之餘，我們嘗試進一步用「城市共生」的觀點，來強調協力、合作甚至跨域的重要性。而「共生」的概念，也反映著社會的多元性與多樣性，強調不同群體與個人之間的互助與連結，進而發展自我治理的機制。面對著全球新自由主義體制下，私有化、個體化的趨勢，以及公益與公共領域的退縮，「城市共生」代表一種反向的思考與行動，但它不僅是抵抗，更是一種開創，在眾人的協力、合作與折衝下，創造城市中生產與生活多元的新可能性。

在台灣諸多的案例中，我們看到一股蓬勃的社會力量，這股力量來自於民間團體，也來自於專業者與體制內的夥伴；有些來自社會的底層與邊緣，也有部分來自權力結構的核心。在這裡由於篇幅的限制，有太多其他的案例無法一一呈現，而且離區域的平衡也有一段長遠距離。但我們希望這些案例所展現的不同的類型、特質、發展與演變過程、動員模式等，能對讀者與其他進行中的行動有所啟發。如果看了本書會讓讀者們想去參與類似的案例，或自己揪團採取行動，甚至只是對這一類的群體與行動有著更多的理解與同理心，那麼這本書就算是為這個運動與社會的演進做出了小小的貢獻。

圖6
台南市正興街的廢柴遊樂場，讓商業氣息濃厚的街區，有了不同的活動與使用，也凝聚了一群關心社區的居民、店家與家長。（侯志仁／攝）

1

〔狹縫求生〕人生百味：哪裡摔倒，就在哪裡休息

朱冠蓁——文

教戰守則

- 找隊友：一個人很孤單，被打也要找一堆人分擔（才不會太痛）
- 平視：以相同的視角，與你陪伴的對象看待相同的問題。
- 身處其中：找到自己的位置，做你自己。（三顆星的重要）

DO YOU A FLAVOR: WORKING IN THE SEAMS OF A CITY

——萬物皆有裂縫，而那是光透進的契機。（by Leonard Cohen）

一日午後，共食廚房正傳出陣陣蒸氣。約二十多個身影穿梭其中：那些聚在爐邊控火、調味的，一看便知身手俐落，他們正討論得起勁，關於如何將蘿蔔與肉煨得入味鬆軟。這些人若非專業廚師，平日肯定也相當習於料理；但另外不少人，動作則相當笨拙，他們自成好幾個圈，邊聊天說笑，邊用手撕開一片片葉菜。

旁邊的備料區堆滿清洗乾淨、折著水光發亮的蔬菜、水果、肉類。若沒被事前告知，沒人會發現這些食材其實來自於市場與餐廳，攤商老闆將當日沒賣完或已不適合再販售的果菜揀選、提供給我們；餐廳則將「邊角料」細心蒐集，冰入冷凍庫待人們來收取，再次使用。

廚房爐火正旺，這些平日下廚時間肯定會被人趕出廚房的人——與極可能就是把人趕出廚房的人，竟意外地在此和諧往來、互動著。大鍋中的湯羹逐漸溢出鹹香熱氣，一鍋料理即將被完成了。

當來到晚上八點，這城市中大多數人已用完晚餐，在家放鬆與休息。在此同時，台北車站牆外，陸續有身影低調歸來，他們卸下行李，鋪起紙板，「蓋起」自己當晚的家。這群體被冠上許多稱呼：遊民、街友、流浪漢，以及更多汙名與負面觀感：髒亂、懶惰、潛在威脅。但暈黃燈光照明下，他們的臉孔、外型，甚至穿搭都與車站乘客無太大差異——事實上也是，在坐上紙板之前，大多數無家者與這城市大多數奔波的人們是一樣的：需要工作，需要與朋友聚會，需要在光天化日結束前，維持看似完整的生活。

帶著溫熱餐點來到車站的眾參與者，趕上了車站無家者剛鋪好床板、等待睡前的放鬆時刻。一群人蹲下身，詢問街上的大哥大姐是否已吃過飯，經得對方同意之後，坐下來一同用餐、閒聊。初來的新手充滿好奇地問起關於流浪的所見所聞，大哥大姐通常也願意侃侃而談；而常態志工則熟絡地與認識的街上人們話起家常，誰最近去出陣頭了，誰又因為受傷只得暫停平日的舉牌工作。

這樣的「石頭湯計畫」，聽起來就像再日常不過的朋友聚餐，或是鄰里間的聯誼——只差在此刻背景，是假日夜晚的台北車站，周圍人潮往來、車水馬龍；而分享餐點的對象，正是平時背負污名，在此場景中被刻意忽落的無家群體。戶外的路燈、以及霓虹招牌，發出屬於城市的特異色調，投射在這群席地而坐的人身上，畫面相當魔幻。

一位參與者在心得分享時說道，他今天認識了一位街友，從此想到街友時，腦袋不會再只存有刻板印象。另一位參與者則說，下次經過車站時，她的心態將不同以往，「至少，不會再對街上的身影如此恐懼、戒備，或是覺得這社會只充滿冷漠與絕望。」

圖 1.1
來自各方的參與者在週末聚集，一起做菜。
（照片提供／李衍罕）

感受——夜裡從裂縫中發出的芽

這些參與者各來自不同背景，也因著不同理由而聚集：他們之中有些是面臨生涯規劃的青年，希望藉由實際投入行動、付出，貼近並走入生活中未曾有機會接觸的人與事；他們有些是為人父母，想讓未來的社會能更溫柔一些。一位媽媽曾在分享餐點後，和大家說，她想為孩子立下可供參考的背影。她每次來「石頭湯聚會」時，總會帶著女兒一起。

而這些人的職業則更多元、無從分類。學生、廚師、社會工作者、公司職員、自由接案者；有趣的是，這裡隨便一步都可能踏出「同溫層」：他們之中有人參與過各類遊行、抗議、露宿晚會，喜歡討論結構性問題，總能在過程激發討論與反思。但有些參與者，則是對政治議題無感，甚至排斥。他們所受的教育說，政治是髒的，靠近只會讓自己一身腥。他們對議題沒有興趣，卻無意中以另一種方式參與了社會行動。

看起來衝突、豐富的組成，能在同一場合內互動互助，不禁使人想起一則童話故事——《石頭湯》：石頭湯的童話各國皆有，主角可能是三個士兵、一個女巫或神秘的旅人，他們從口袋內掏出一顆號稱有魔法的石頭，投入大釜的滾水內，當眾開始慢慢熬煮。引起圍觀人們的好奇時，主角說：「我在煮美味的石頭湯，只需要再一點蔬果、肉類，便可增添更多風味」。陸續地，大家隨手匯集、看似雜亂無章的食材，竟也使鍋內的熱水，逐漸燉出濃郁豐富的濃湯。

以石頭湯計畫做為行動起點的人生百味團隊，相當恰巧地，就像是一鍋充滿各種食材的湯，初期由設計師、工程師、商管人員、社會心理研究員與攝影師等不同領域工作者所組成，之後陸續加入更多不同專業的夥伴與志工。

二〇一四年是三一八學運衝撞的一年，許多人第一次走上街頭，參與社會運動或遊行。人們最初受到的感召各有不同，但無論如何，參與過程即是對理想的應證；不少人在運動過後，持續探索在日常實踐的可能性——組成「人生百味」的我們，便是其中之一。由於當時在運動占領的街頭露宿了幾晚，我們開始接觸到街頭的生存者們——例如販售口香糖、玉蘭花等小商品糊口的街賣者，撿拾紙箱回收物的長者，和幾乎二十四小時全時間滯留街頭的無家者。他們憑著自己的力量在城市狹縫中求生存，身影沒入行人匆促的腳步間。

街邊弱勢的生存者們，與大多數的社會運動訴求沒有直接關係。然而，這或許正是引起我們關注的原因：即使處在極度邊緣與弱勢狀態，當人落入體制與常軌的「例外」——罹患未達補助標準的疾病、處在不符大眾想像的貧困狀態——便會被社會無奈卻又理所當然地捨棄。這樣的群體，由於狀態與需求皆無法貼合福利制度與社會規範，於是逐漸選擇規範相對開放的公共空間作為謀生場所。

最初發起石頭湯計畫時，幾個夥伴尚未有成立團隊或創業的企圖，純粹是看見社運現場有剩餘的熟食物資，心想或許能轉發給有需要的人——而街友，則是城市顯而易見的弱勢群體。將這個單純想法付出實作的門檻並不高，我們與物資站協調好後，當晚便順利取得一箱熱食，帶到台北街友聚集夜宿的公園內發送。

當晚的畫面至今回想起，仍然清晰深刻：在明亮燈光下，發現露宿的身影並非新聞或電影那般可怕、充滿威脅。公園內大多數是中老年人，衣著普通，許多人若非此刻躺在紙板上，幾乎無法與「遊民」二字搭上連結。一些大哥大姐，將自己不需要的物資轉贈給身邊的人，陪同我們發餐的一位大叔，則將幾個包子特地拿到較遠處，提供給不良於行的年長身障者。無家者匯集處，宛若一個小小的社區，彼此不必然友好，但至少熟識，並在某些時刻願意互動、甚至互助。這樣的社群關係如此立體呈現在眼前，才突然讓人驚覺自己過往對於弱勢的認識，實在太過片面且單薄。

只要親身接觸過一次「弱勢族群」，便會發現所謂的族群中，其實包含各種年齡、性別性向、職業、個性組成，甚至可在其中找到幾個與自己的共同點：我在街頭遇到了從南部北上打拚的同鄉，發現了一位大叔和我同是師範大學（前師專）畢業，與一位阿姨聊到我們同樣愛吃甜，認識了個性同樣倔強、彆扭的大哥。若人人都能在對方身上尋獲相連的瞬間，我們相信，對於弱勢的理解，將不會再限於扁平想像與既定成見。而「族群」，也將不會如高牆般劃分你我。

石頭湯計畫後續演變成每月固定舉辦一次以上的行動，與合作店家、市場攤商收取未售完食材，邀請二十位左右的參與者共同烹飪，再帶到街上與無家者共餐、交流。工作人員在開場時會簡單介紹無家者議題，破除幾項刻板印象，但預留更多時間讓參與者自由發揮、交流討論。石頭湯料理時間是一般烹飪的五倍，這樣長長的料理過程，因而使更多認識發生——不僅是認識對面一同做菜的人，也認識了手中一瞬之差便有可能成為廚餘的食材。

這些蘿蔔因為形狀不夠圓潤而滯銷，那堆肉塊是火鍋店切剩的邊角料，而米麵食則最容易因慶典活動需求，大量購買後無處擺放。這樣豐富雜燴的食材，處理起來確實費時，卻也使人更審慎看待食物與進食等事。若我們連一顆果實也懂得珍惜，對人，將不會輕易放棄。

而晚間的街頭共食，則是突破距離的嘗試。將參與者過往太快的腳步拉緩，蹲下身，或坐在地上（時常也有熱心的大哥大姐，邀我們坐進他們的紙板地舖），更直接與街頭的露宿者互動、交談。當更多人在戶外席地而坐，也引發路過人的好奇，時不時也發生詢問後一同加入，或增加日後活動關注人數等有趣狀況。

嘗試踏出第一步後，突然發現自己並不孤單，其他議題的群眾參與也如同一夜之中自城市各隙縫竄出的芽苗——早已有人在之前展開行動，而許多人也與你我相同，正等待著將想法付出實踐的契機。於是後續行動中，我們嘗試開發了許多專案，藉此搭建大眾從不同面向認識此議題的橋樑，並增加不同領域群體的參與機會。

越界——找到渺小如你我才能介入的事

在「人生百味」中，我們所發起的系列計畫，皆企圖讓更多人有機會在參與的過程中認識議題、發現自身與弱勢者間的共通之處，並在活動後，找到更多回到生活裡舉手之勞便可實踐的小事。如此，即便深知自己處在鑲嵌卡榫的結構中，也願意保持動能與意識，鬆動眼前所及的既

圖 1.2
透過食物，吃著吃著不小心就變朋友了。
（照片提供／Kevin）

定俗成。

「人生柑仔店」街賣形象翻轉計畫，便是期待改善弱勢街賣者與路人之間過往糾結與尷尬的關係。剛開始，團隊一面接觸街賣集團，進行採訪與長時間陪伴、協助，一面嘗試開發街賣新商品，重新設計外觀包裝、調整原品項的品質，再與認識的街賣者合作販售。具備話題性的商品，除了可使街賣者收入增加之外，也吸引過客駐足觀望。藉由降低購買門檻，過去尚在猶豫是否該上前的人們，便願意主動向前，與街賣者攀談，進而消費。二〇一五年，人生百味參與了台北世界設計之都，與知名設計師聶永真、插畫家Cherng合作推出街賣限定販售的泡泡糖和馬來貘玉蘭花香氛片，刺激許多年輕人上街找街賣者購買。一位熟識的頭家小明，開心地與我們分享當時盛況：「那時候來的人還得排一下隊才買得到，我做街賣從來沒這麼風光過。」

改變街賣商品的動作乍看細微，卻意想不到地延展開了更多可能性。陸續有不同專業的工作者希望加入行動，團隊於是發起了幾場街賣松。街頭松參考黑客松（Hackathon）形式，群策群力發想與執行對街賣者、無家者有所助益的專案。設計師與網路工程師合作開發了街賣網路小

圖1.3
百味嘗試了各種街頭友善行動的可能，在舉辦尾牙時，我們號召「一日孫子」志工，為街上的人們抓龍。（照片提供／鄭聿庭）

遊戲，關卡設定成街賣者難為他人所見的困境，例如被開單檢舉、移動受到路障阻礙等等。而工業設計師則著手翻新街賣展架，協助商品在昏暗街頭被更清晰地識別。就算沒有設計專業，仍然有更多群眾可以參與的方式：我們組織了維基編輯小隊，和參與者一起整理國內外的街賣相關資料與定義，編入維基百科之中；在此之前，台灣並沒出現過「街賣」二字，對販售口香糖、玉蘭花的群體，仍多游移在同情與是否為詐騙集團的臆測之間。

一　摸索——好好看待尚未被正視的灰色地帶

當參與者因街賣計畫與石頭湯共食逐漸親近，並與街上的人們建立起連結，我們開啟了更進一步的討論：關於「街頭」作為生存空間之必要。

無家者幾乎二十四小時必須在戶外度過，而街賣者即便有家，卻仍有半天以上的時間在外工作。外界看來，露宿與街賣的行為擾亂了公共區域的秩序與整潔——實際上，大多數人告訴我們，若有選擇的話，她／他其實也不願待在街頭受盡風寒。我們所認識的無家者，沒有人是一出生便無家可歸；同樣地，幾乎對於大多數街賣者而言，街賣並非是他們第一份工作，甚至從未料想到這份工作會出現在自己的人生規劃。

為了更深入理解街上人們的處境，我們組織了陪伴團隊，主要針對流浪中不易被看見的女性群體，開始更定期的拜訪、聊天，找到她們對於生活的期待，並一起完成。原先以為無家者的需求不脫食衣住行，但時間一久，才聽到大姐們對於生活有更多的想像：有人難以習慣餐餐外食，希望能有幾餐是由自己料理；有人希望維持健康，但為了在定點看顧行李而沒機會運動；有人則喜愛電影、閱讀，認為這是維持生命的重要元素。

於是陪伴行動除了支援簡易物資外，更多時候是一起去做讓人提起精神開心的事。我們舉辦過幾次共食，過程中，邀請街上的大姐們來我們平常煮石頭湯的廚房做菜給大家吃，並票選出一部電影配飯。平時，則有人陪著想體驗路跑的大姐參加免費的馬拉松，有人跟注重外貌儀容的大姐一起染頭髮，有人邀請喜愛電影的大姐參加影展。同時，團隊夥伴提出了寫寫字工作坊的想法，想讓街上的人們以文字為自己的感受、想法書寫，或記錄下自己歷經的日常；除了作為情緒上的抒發，以無家者視角與經驗出發的書寫，也提供世人如何在社會中行動、實踐，以及反思體制的參考。當信任逐漸奠基，我們終於聽到了更多街上大姐的故事、無法回家的原因，並開始得以協助一些人就醫、求職、找房，開始邁向更穩定的生活。

街頭空間並非適合久居，卻為失足的人們提供一處緩衝。若一味將無家者、街賣者看作是毀壞市容的「問題」，將會以清除障礙的態度處理與對待；然而無家者與街賣工作的存在，是人在跌出安全網時，未被及時承接所致。城市面對多方文化與脈落之下形成的弱勢處境者，除了制度的調整與規劃外，空間也成為了友善的途徑。我們所遇見的一些無家者，正因尋覓到暫時可棲身的角落，而有機會歇腳、再整；而街賣者也因為有份親手打拚的工作，得以掙取生計與尊嚴，將生活維持在穩定狀態。若非視「人」為問題，而是以善待人、陪伴人作為出發點，看待維穩生活過程所遇到的問題，那麼，我們相信，你我是有機會共尋解方的。

認同——這件事與你與我都相關

與街上人們相處，讓我們發現彼此太多的共通點，無論優缺點、興趣或喜惡，街上人們的樣貌之多樣，實在超越過往想像。我喜歡跟街賣者茹晴交換甜食點心，以及交換便利商店的優惠情報；也在抱怨某個大哥愛踩人底線時，驚覺自己其實也是個同樣白目的人。

更向下挖掘，街賣者、無家者身上常被貼的標籤，難道就不存在大眾身上嗎？

研究顯示「超過七成以上無家者有工作」，我們以此數據破解無家者好吃懶做、無所事事的謠言，卻又思索著：這些工作大多為非典型就業，風險高且收入不穩定，無家者必須付出多大的努力，才能向社會爭取到「回歸」的門票（先不論物理上，這些人從未離開過此地）？「不求上進」、「喜好自由」、「邊緣人」，人們在受到社會與自我期待不斷擠壓後，外顯出不夠光鮮亮麗、不夠整潔美觀的樣貌，做出「拒絕再力爭上游」的選擇，剝除有家、無家的區隔，我們真有如此不同嗎？

以此作為發想，團隊與其他倡議組織共同合作，發展出了幾次策展主題。二〇一七年尾牙，我們擺設街頭職人市集，讓人現場體驗綁房地產廣告看板等無家者日常工作；另外輸出了手舉看板，將大眾對於無家者的第一印象（居無定所、喜好自由、邊緣人等）醒目地展示，邀請符合這些標籤的觀展人加入合照串連。這項展覽在同年八月，與台灣科學教育館合作，再次以「標籤」為名展出，這次我們將社會加諸於流浪群體的既定印象，製作成上百個小徽章，黏貼在無家者插圖的大型布幕上，請經過的人為無家者撕下標籤，並將徽章別在自己身上。此外，當時的實習生與兼職夥伴也發展出一套「流浪大富翁」桌遊，與來看展的家庭用（極消耗體力的）闖關遊戲切入，討論無家者的生存困境。

除了用標籤，我們也嘗試用人生在世難以避免的食衣住行，來連結大眾和街頭生存者們（沒有人會覺得自己不需要這些基礎需求吧？）二〇一六年團隊開始採訪與記錄無家者、街賣者如何在街頭取得生存與生活資源、餓了到哪裡覓食、想上廁所如何解決，以及若要找工作，在身體與經濟狀況都受到一定限制之下，有哪些門路可循。過去被視為弱勢的人們，此刻化身成街頭生存導師，提供經驗指點，也吐露過程心酸。

對頁｜圖1.4
《標籤展》首次主打親子群體，與小朋友一起用遊戲方式認識貧窮、窮忙議題。（照片提供／葉蓬玲）

圖1.5
我們將無家者身上常被貼的標籤印成看板，邀請民眾自由認領拍照，並解釋標籤生成的原因，以更立體的方式認識群體中的人。（照片提供／無家者尾牙志工）

這些內容後來出版成《街頭生存指南》一書，我們故意以惡趣味的方式，在實際踩點後評比各項生存資源的CP值，除了試圖勾起讀者對於街頭生活的好奇外，更希望藉由反諷，道出底層者的生存不易。像是尋找免費飲水，不少人會直觀認為學校或運動中心等公共場所，資源取得應該相當方便；但無家的大哥大姐卻告訴我們，他們不敢到學校裝水：「學校裡的人會用奇怪的眼神盯著你」，而到運動中心，甚至會被直接阻擋。

所謂公共空間，理應開放給每一個人；然而對於資源越稀缺者，公共資源竟也相對限縮。這同樣帶出一項殘忍的現實：我們無可避免必須承認，處於特定位置，所見所及必有其限制與特性。同樣的標籤貼在不同人身上，所造成的負重並不相同；而各種城市資源，也因不同人取用而形成不同等的壓力。痛苦、挫敗、被排除的經驗連接了有家和無家者；但不同程度造成的差距和難以突破的階級，仍切割著你我，並使我們因難以橫越，而製造出新的衝突與磨合。

最後——行動將通往何處？

若我們試圖打破隔閡，卻發現建造那堵高牆的，正是形塑大半個你我的元素；若我們試圖解釋我們有多相同，最終仍只徒勞地感受到結構、階級所劃分的你我，是如此無法相同。

那麼我們口口聲聲的反叛，最終將通往何處？

「無家者是各種例外的總和」，這段時間的交流過程，身處其中，無論何種領域的朋友，都曾表示過這樣的無奈與感慨。許多人在這社會追求前進、奮力進步的隊伍中落了隊，成了弱勢者；卻又在社會試圖補足弱勢者條件時，被歸納為「仍有工作能力」、「該要自己好好努力」的一群人。

可以想像嗎？在各種環境中皆屬例外，人該如何歸納、甚至認同自己？

但所謂「例外」，意指的便是那條區分該如何、不該如何的界限確實存在。

我們所做的各種計劃，無論冠名上共享亦或同理的名義，不過就是循環著這樣的動作：向前邁進、在行動中來回辯證、反思，並嘗試再次越界。而這，正體現了反叛的本質：以新的方式看待人事物。越界的過程，是視角的切換，更具備模糊疆界的企圖。

若將在街頭的生存比喻做城市裂縫，乍看之下確實是雜亂無章、有違秩序，甚至造成了部分人行經時的困擾。然而從另一端看來，公共空間為弱勢處境者敞開的包容，以及生存者在其中發展的智慧與經驗，就如同裂縫中的微光，使人不容易一路無底下墜。此時，若有更多及時的友善行動與協助進入街頭，便能大大增加人脫離弱勢處境的機會。

在非穩定的現狀與環境下，我們許多專案發想並非以永續經營作為目標；或更精確來說，行動是貼合著當時的參與者的屬性，以及街頭人們階段性的需求而前進。如此一個小小團體，並未存有多大企圖，要去駁倒什麼、矯正什麼，我們僅僅是希望尋獲一處得以安身立命、無愧於心的所在。

若還要追求更多，大概就是過程之中的幽默感吧！

突然想起一位已在外流浪幾十年的大哥，有天拿起「喜愛自由」的標籤徽章，哈哈大笑告訴我們：「欸，這就是我啊！」然後興奮地別在身上。若有一天，當標籤不再是鴻溝，而是流經我們身上，可謂歷史的渠道，那將通往並圈起更多你我。

誠心祝福每個試圖越界、曾對現狀心有質疑的人們：

你並不孤單，我們一直都是在一起的。只是過去被罩了太多雲霧才未能及時看清。

圖 1.6
用「坐下」拉近彼此的距離，也鬆動一些空間友善的可能性。（照片提供／airbnb）

2

〔社區協力〕合作協助萬華弱勢族群

羅秀華——文

教戰守則

- 有關係沒關係，平素就左鄰右舍作伙，協力合作更需要長久經營而來。
- 社區是大家的，夥伴關係中，大家一樣大，心中沒有獨大這件事。
- 心中有美景，拉貧苦族群一把，工作夥伴也互相幫忙，大家追尋社會的共好。

COLLABORATIVE SUPPORT FOR THE UNDERPRIVILEGED COMMUNITIES IN WANHUA

——清道光年間，「艋舺」因淡水河運興盛，街市形成、商業繁榮而人口匯聚，娼妓隨之在此登陸…「凹肚仔」…是私娼寮群聚之所，也就是艋舺情色行業的發源地。（柯得隆，二〇一二，頁一九四）

自古以來，艋舺一直充滿大港口流浪文化的歷史必然性。它承襲了十八世紀末葉以來，清代大溪口時代的碼頭社會樣貌，吸引最多三教九流，是個龍蛇雜處的利害之地（黃適上／二〇一二）。外地人口移入而落難，成為萬華的文化景象（李豫英／二〇一二）。「萬華在台北市是種另類，」黃國彥前區長在萬華協力十年分享會中說著。萬華的「五流」——流氓、流鶯、流浪漢、流動攤販和流動工人，因為經濟困窘而聚居於此（蘇姮伃／二〇一七），在歷史發展軌跡中不斷綿延，也讓社工在萬華的密度維持在高點。

二〇〇四年，一群資深社工人有意識地邀集社區頭人，包括社區發展協會理事長、理監事與總幹事，發想如何幫忙一代又一代，一群又一群，需要外力介入以維繫其生活基本尊嚴的在地人。社工行動從諸多部門協同送餐給弱勢長者出發，每個月聚會並不斷推衍諸多的合作方案，包括協助社區啟動老人據點的多元服務，將ＰＧＹ１[1]與體適能和健康學習能量不斷挹注其中；融合區公所、扶輪社與兒少多部門的「夢想魔法師」方案，是中輟預防的聯合行動；結合在地店家助益弱勢家庭的歲末踩街和待用餐券的推行，是地方力量的總其成。

1 ＰＧＹ１（postgraduate year one）是醫學系學生畢業後擔任住院醫師第一年的簡稱。https://medical-dictionary.thefreedictionary.com/PGY-1

二〇〇七年六月底，有三十七個單位參與「萬華社區協力聯盟」（簡稱萬華協力）（羅秀華／2007，頁67），二〇一二年底有一一二個部門參與萬華協力聚會（羅秀華／二〇一三，頁一八一）。在自由進出的氛圍下，於今至少有兩百餘福利服務部門參與過萬華協力，若再加上參與踩街的扶輪社與商家，以及年輕夥伴聚集而成就的「培根市集」，數百不在話下。部門、專業、社區，一股洪流與暖流，在弱勢萬華強力漫溢。十來年，團體間的努力不曾間斷，更於二〇一七年起集合多部門共同開拓社區經濟發展。

一 在地的街友服務網絡

坐落萬華地理中心的艋舺公園，就在龍山寺捷運站附近，街友佇立在人來人往的街上，他們的家當在白天時分井然有序地錯落在公園角落，夜晚來臨，一攤開就是他們的臥鋪。在捷運通車之前，夜幕低垂的市場舊址是他們聚居的場所，雖然歲月悠悠，他們也沒有因為捷運的通車和公園的改造而被驅散。

隔著廣州街面對的是歷史悠久、香火鼎盛的龍山寺，簇擁著熙來攘往、國內和國外的遊客。廣州街往西進入梧州街區，有市政府社會局所設置的社福中心，任務之一是服務街友，設立洗澡與冷天避寒的空間。資深社工長期就近穿梭在艋舺公園街友當中，關心、陪伴、服務。資深社工師還積極推動成立「芒草心慈善協會」，成為街友的家。芒草心有個名氣響亮的「起家工作室」，將曾經叱吒但如今衰頹的一群泥水匠、水電工、木工匠、油漆師傅、營造工，匯聚成一幅多工圖。例如：青年公園附近，住著一位因為吸入太多油漆揮發物而健康受損的爸爸（沈曜逸／二〇一七），在社工的牽線下成為「起家工作室」的一員。芒草心向企業爭取到「Keep Walking 夢想資助計畫」

對頁｜圖 2.1
作為台北市歷史最悠久的社區，萬華長久以來也是弱勢族群聚集之處。（侯志仁／攝）

上｜圖 2.2
芒草心協會所推的「街遊」步行導覽組織，讓曾有流浪經驗的人帶著遊客認識他們眼中的台北。（侯志仁／攝）

下｜圖 2.3
夢想城鄉協會木工班的作品。（侯志仁／攝）

[2]，讓「起家」成員到單親、獨居長者、身心障礙與貧窮家庭中，修復窳陋的住居環境。

廣州街東邊底的社區大學，有萬華長大的徐敏雄老師開設強調社會關懷的課程。不遠處有愛愛院與社福中心，提供音樂和繪畫的洗禮，讓街友可以在艋舺公園當起街頭藝人。敏雄老師還專為街友成立的夢想城鄉營造協會，租用廣州街上剝皮寮的一隅，為經濟弱勢族群服務，開辦繪畫班、劇團、木工班、街友導覽與長壽茶桌，記掛的都是街友。

社福中心、芒草心、社區大學、夢想城鄉、愛愛院，織起以艋舺公園為中心的街友服務網絡，在萬華手牽手。

梧州街三十六號這一棟樓

這是一棟福利服務大樓，由龍山托兒所舊址改建而來。五層樓建築，一樓維持既有的幼兒園空間，二、三樓委託「立心慈善基金會」（簡稱立心）經營龍山老人服務中心（龍老），有長青學苑、日照服務等；四樓委託育仁基金會經營龍山啟能中心，以成人心智障礙者職訓為主功能；五樓有社福中心，以低所得家庭為服務對象。二十多年來樓上樓下串門子，幼兒訪老人世代融合，心智障礙學員送便當給三樓的爺爺奶奶，各部門的低收家庭與社福中心密切連線，不同族群的服務就在不同樓層間連串。以這棟樓為中心，將敦親睦鄰往外擴展，萬華協力就此開展。

話說立心在萬華耕耘許多年，由早期市府約聘社工轉入任職，全心全力服務老人與兒童。張美珠總幹事、許水鳳兒童中心主任、黃也賢副總幹事，曾是老人中心與居家服務主任，三位都是我早期於市府任職時的老同事，我們都與萬華關係深遠。一九九五年，我們透過社區照顧實驗計畫，讓居住在社區的長者可以就近取得所需服務，並全面探訪萬華區內服務部門網絡與服務資源能量（立心慈善基金會／一九九五）。

二〇〇四年，中華民國社區營造學會承接台北市社區工作會館，由我擔任館長，任務是協助組合社區頭人聯誼會，幫忙地方凝聚組織力量以主導集體公共事務。然而，萬華不僅弱勢族群多，社區組織也弱勢，的確需要專業力的介入。立心夥伴基於我們的好交情，答應出面召集社區頭人，也商請輔大社工蘇景輝老師參與協助，希望成就聯合的凝聚力。只是，經過約略半年的努力，社區的弱凝聚讓我們的好意也無法熱絡社區頭人的聚會。不過，在萬華努力數十年的保德社區楊美女里長與黃剛毅理事長，在社區頭人聯誼冷淡的情況下，卻異軍突起為協力打響第一炮：「送餐給有需要的萬華長者們」。萬事起頭難，立心加上蘇老師和保德等少數幾位社區頭人的深度參與，啟動十多年來的萬華協力。

一 聯手送餐給弱勢長者

在地人服務在地人，深耕加蚋仔的保德社區，在老化鄰里中動員百多名志工，依長者個別飲食需求，有聯合醫院和平院區幫忙打理營養餐後，將便當逐一送到長者家

2 自二〇〇三年起全球知名酒精性飲料領導廠商「帝亞吉歐」（DIAGEO）在台灣積極推動「KEEP WALKING夢想資助計畫」，鼓勵有夢想的個人追求自我成就之外，為在地文化創意產業、社會企業、環境保育、人文科技、教育、醫療等多元領域發展盡一份心力。

中，這個在地經驗是個驚艷。

二〇〇五年首先打理經費，同在廣州梧州街區的仁濟院，一馬當先允諾提供每日一百個免費便當的開銷，一、兩年後台灣證券交易所也加入贊助行列，立心也曾向市府爭取些許補助款，龍山寺與台北市艾馨公益慈善會也加入出資行列，支撐萬華聯合送餐的發展與壯大。立心積極承接方案管理責任，審度來自各方有餐食需求的長者生活。

「梧州街三十六號」樓上樓下就動員起來了，啟能中心與龍老廚房接續製作便當，社福中心與座落東園街十九號由立心承接市府委託的兒童中心，還有由女青年會承接市府委託的婦女中心，分別推薦受其服務的低收家庭成員擔任送餐角色，有微薄的交通車馬費補貼家用。製餐部門逐漸增加，有聖若瑟失智老人養護中心、愛愛院、恆安老人安養中心，供餐部門也增加了仁濟院與艾馨會、法鼓山德貴學苑、台大醫院北護分院等，集體將每日數百個便當熱騰騰地送到榮民宿舍、老人中心與多個里辦公處，再分送到萬華的角角落裡。當北市府大力推廣在老人據點共餐時，聖女小德蘭堂也商請新住民備餐給據點長者，還有萬華老人服務中心（萬老）等陸續推出集體共餐服務。令人感到相當溫馨的事不斷迸發，例如，由恆安製餐，雙園里民送餐到榮民宿舍，讓許多年都獨居在宿舍的高齡榮民伯伯，與社區人們開始交往起來。

二、三十個在地的服務部門與里鄰社區，毫無懸念地心手相連投入聯合餐食服務。聯手送餐提供部門與里鄰社區團隊相互支撐的演練，這個美好的體驗振奮了大家的心情。立心也出手向中華社會福利聯合勸募協會（聯勸）申請經費補助，二〇〇六年聯勸補助開始挹注，是萬華協力屹立的重要支柱。

新回合的協力策略不再拘泥於社區頭人的聯誼聚會，而將萬華長期以來彼此互動的好關係，透過梧州街三十六號的眾部門、東園街十九號的眾部門、西門扶輪社當中由社工背景夥伴所組成的社區服務團（林蘭因／二〇〇七），以及與福利部門互動頻繁的保德社區、同濟社區、萬大社區與青山里等，在送餐的合作基礎底下，農曆年後跨部門夥伴齊聚一堂，熟識中開始醞釀協力的節奏該如何拿捏。新階段的協力就順著萬華弱勢服務部門的聯手，加上少數社區頭人忠實地參與其中，讓福利和社區交融一起。

每月一次輪流到不同部門聚會，由立心與該部門主管共同主持，大家也不間斷地認識不同部門在做些什麼，也不斷醞釀你我可以如何搭配。聚會氛圍是開放的，歡迎大家帶著好夥伴新夥伴一起來歡聚。新的提議與舊的發想不斷被帶入定期會議，在開

上｜圖2.4
聊天搏感情是協力基調之一。（羅秀華／攝）

下｜圖2.5
每季一次的老人次協力聚會。（羅秀華／攝）

會前聊天交換名片的時間讓大家相互熱絡。社區感十足（圖2.4）。

老人服務就此在社區全面鋪展

老人是萬華福利服務的大宗。全市十二區十四個老人中心，有三個在萬華。中央政府於二〇〇五年啟動老人社區照顧關懷據點之後，市府賦予老人中心開拓關懷據點的重任。在協力與老人中心的推動底下，關懷據點不斷增加，這兩年還在里辦公處不斷加入服務據點，累積有三十二個老人據點，服務面一直開展。萬華老人據點之所以辦得有聲有色，是因為有協力帶著專業服務部門齊力支持里鄰社區。

二〇一〇年老人「次協力」的成型，包括健康服務中心、台大醫院北護分院、西園醫院、萬華醫院、仁濟醫院、聯合醫院和平院區與多個診所，而社區大學、多個老人中心與老人相關服務的資源，則由龍山老人服務中心號召帶入老人據點。每季一次的次協力聚會（圖2.5），不斷增加體適能檢測與學習活動、第一年住院醫師（PGY1）到據點與老人家中幫忙藥物與健康諮詢、失智者守護天使訓練、失智預防的宣導，輔大社工系學生也分別進入據點服務學習，參與帶領健康促進活動。次協力還積極與在地宗教團體組織互動，希望宗教團隊也能融入在老人社區服務中。

大夥兒的服務深化又到位。有一回合由龍老交通車載著保德長者到北護分院進行體適能前測，之後，例行的健康促進活動考量則針對不同長者需加強的肌耐力，而有不同的體能學習。輔大社工學生每年來到保德社區帶活動，總是被平均年齡八十來歲的阿公阿嬤嫌棄活動太靜態，老人家還刺激年輕學子要有活力有創意。而走在國家政策之前的小德蘭堂據點，有天主信仰支持來照護老人小孩，優良的空間和教友工作夥伴的一心服務，加上協力專業的參與，業務穩定發展，不少獨老白天固定在小德蘭堂待著，卡拉ＯＫ、麻將、閱讀、棋藝都可以依喜好選擇。

東園街十九號樓上樓下的聯手

東園街十九號與梧州街三十六號異曲同工，是南萬華一棟公有建築物，婦女中心與台北市少年輔導委員會萬華少輔組在四樓，兒童中心在三樓，由天主教善牧基金會承接市府委託的西區少年中心（西少）在一樓，彼此工作上的緊密度與梧州街三十六號並駕齊驅，尤其是針對弱勢兒少與貧弱家長的服務。這幾個部門也是協力啟動的基本咖，譬如說立心工作夥伴年齡層偏高，電腦操作多受限於小時候沒學過，而少年中心的活力補足了踩街活動時網路報名的操作。兒童中心受助孩童長大了，接續參加少年中心的街舞班等服務；婦女中心與兒童中心也都努力開發單親媽媽的工作機會，包括擔任送餐員。

二〇一〇年協力聚會生態有個小改變，以隔月「大協力」的聚會方式進行，「兒少次協力」亦成型。以兒童中心、少年中心、少輔組、學校社工、社區實踐協會等兒少服務部門為班底，共同發展親子電影等服務合作。「夢想魔法師」方案是由少輔組督導所命名，開始於由區公所與西區扶輪社合作多年的希望教室轉型而來，期待以中輟預防為主軸。

協力是在地公私力量的總其成，區公所一直是萬華協力的成員，扶輪社也於二〇一四年將經費預算帶入協力聚會，夢想魔法師方案由兒童中心許水鳳主任召集西少與學校社工，分工主推烹飪班、街舞班、西少幫樂團、劇劇營與社區師傅（職涯探索）、在地文化學習等，將服務對象設定為國小六年級將升上國中的年齡層。這些服務也開放給在地的社區實踐協會與環宇國際文化教育基金會等，帶領兒少前來參加。

除了福利部門各擅其長之外，兒童中心有傳培梅基金會提供烹飪教學，樂團、街舞與生活戲劇則是西少帶領少年探索自我的常招，學校社工主責的職涯探索與在地文化學習提供兒少透過在地店家，例如：日式餐廳、牙醫、眼鏡行，早早初探職涯發展，並透過在地兒婦老少的不同福利部門，讓兒少體認福利服務對不同族群的照顧風範，引向積極的人生探索。

社區頭路次協力二〇一七年正式上路

協力走了十來年，一步一腳印，讓我隨時感受到人與人、部門與部門之間惺惺相惜的情分，老夥伴成為老朋友，工作生活上談心閒聊也是協力的一部分。大家常常帶著新夥伴來，各部門工作轉換的新夥伴自然加入，也很快可以擔綱重任，就像CCSA（社團法人中華育幼機構兒童關懷協會）的李佩晏社工，可以在協力十年分享會中，侃侃而談協力之種種。而從學生時代一路跟著協力長大的後山（沈曜逸），更是協力的新生代尖兵，是開拓社區頭路次協力的一員，加上立心黃素鈴社工扛起協力從聯勸補助開始的行政協調，掌握協力新發展的節奏，譬如說訪談多個認真開拓社區頭路的部門：芒草心協會、萬華婦女中心與台灣社區實踐協會。

二〇一七年初，協力聚會將「社區頭路開發」訂為主要議題，「社區頭路次協力」也就在三月間開始上路。社區頭路的寓意在於，為在地經濟弱勢的多元族群開拓生計機會，包括婦女中心服務的單親媽媽、芒草心協會服務的街友、社區實踐協會服務的新安里弱勢住民、兒童中心服務的新住民與低收家庭、珍珠家園服務的從良婦女等，他們都不易找到或維持就業市場中的工作機會，還有家庭照顧的牽掛、健康羸弱的牽絆以及學經歷都不利的背景。工作久了，大家認知到需要為多元族群開拓彈性工時、可兼顧家庭、身體可負擔的生計機會。於是，社區頭路（台語）成為清晰的共識與努力方向。

次協力每兩三個月開會一次，二〇一七年三月到二〇一八年五月，僅僅六次快節奏的集思廣益會議，十五個左右的參與部門已透過LINE群組，隨時交流工作機會，包括洗碗工、清潔打掃、餐廳工作、送貨員與送餐等。次協力也積極瞭解服務個案的真實處境，積極訪談商圈會長等在地老闆對工作人力的需求狀態。像社區實踐協會主推的保母訓練與中介幼托，就是依照靈活的工作機會需求而來的，課程學員來自弱勢社區、婦女中心與兒童中心等，幼托的工作機會有很多種情況，包括有座談學習活動時，計時保母可以幫忙照顧學員幼兒等。後山準備當保母人數達到門檻時，可以成立勞動合作社，幫助這些婦女自助互助的一臂之力。

至今也是全勤參與的我，觀看到十幾二十個跨部門夥伴，在深厚的工作經驗底下，來來回回對話，非常深入描述接受服務的對象，他們會因社會結構或個人限制而無法參與就業市場的種種困境，甚至連庇護就業都難以維持。「都沒辦法的人，才來到我們這兒」，這點共識與認命，讓大家到處找尋各種工作機會，回歸到受助者本身

圖 2.6
二〇一七年艋舺踩街報。

動力意願的循序漸進培養。「跟他們說，讓他們來中心當志工，會給三十元車馬費，如果可以持續一星期的話，就幫忙找工作」，蒐集計時彈性的工作機會，積極尋訪友善頭家，集思開拓微型創業，都是次協力的尋常。

一 踩街的年度大事牽引著商家的參與

萬華地區自二〇〇七年推動「艋舺踩街活動」以來，聯手西門扶輪社、艋舺扶輪社、仁濟院、萬華區公所、立心基金會等的協力合作，期待藉由歲末祝福，一方面增加弱勢服務對象的能見度，一方面藉由財神爺挨家挨戶的拜訪而興盛在地商家。每年約有八十個團體，二〇〇多個店家，三、四千人參與踩街活動。陳穎叡（二〇一七）將踩街十年發展分為四階段：踩街的形成、擴大成為區域活動、社區組織磨合與社區具體合作。其中與地方商家的互動關係漸形綿密，是協力引以為傲的重要環節。友伴團隊多年耕耘龍山線、仁濟線、東園線與萬大線，而與不同商圈的許多店家建立多元的合作關係。這也是二〇一七年時，夥伴團隊可以分工與大理服飾商圈、青草巷、飲酒店業協會等商圈自治組織，繼續推進社區頭路次協力的前導。

踩街的基調是由仁濟院主召集，協力各部門認養各工作分組：志工招募、遶境、物資、店家、舞台節目、博覽攤位等。坐落中萬華與南萬華之間西園路側的和平青草園，是多年來各遶境隊伍總會合的地方。遶境隊伍主要成員為各部門的受助對象，他們會安排財神爺給商家的祝福，也各顯神通，包括舞龍舞獅、敲鑼打鼓、古味轎子、老少扮裝等。參與的商家則有艋舺服飾商圈、飲酒店街、龍山地下商場，商家也漸習慣提供物資；志工團隊將物資打包成福袋，分送兒少老人與身心障礙的受助者。

「讓呷飯成為愛心的起點」是這兩、三年來的主題，仁濟院陳穎睿主任發想與提議待用餐券，並與餐飲商家打商量協調合作的可能。協力再進一步調查各家庭需求，將待用餐卷提供受助家庭，讓他們能以餐券分別就近換取八十元的餐食，協力各部門再分工就近與商家結帳，商家也都會回饋贊助。待用餐券得以持續的主要原因是合力募款總能達到數千份。二〇一八年初，待用券募款很快達標，其中包含民眾直接在這些商家的捐助，讓商家在整個方案的推展中成為主導夥伴之一環。

一 培根市集是在地年輕人的大會串

培根市集可以說是萬華新生代的協力代表作。

以組織工作者自詡的後山（沈曜逸／二〇一七），大四開始進入新安社區駐點，以兒少服務出發，慢慢地以南萬華為工作場域。以參與新安服務的輔大社工系學生為班底所組成的台灣社區實踐協會，目前有四位社工。如今，萬華已成為大專院校社會實踐舞台，包括台灣大學的多門課程設計以及建築與城鄉研究所的實習課程，外加在地年輕人的多角經營，產生許多碰撞的機會。

近二十個團體把握一起聚會與工作的契機，培根市集就由社區實踐協會召集，在「培力草根」概念的指引之下，運用南機拌飯、婦女館與糖廍公園、貴陽街第一街封街的實存空間，讓惜食、小農、弱勢投入經濟活動。諸如向陽學園服務的精神病患擺有二手攤位與果醬製作、福民平宅中低收婦女的手作品、仁濟院食物銀行會員賣雞蛋糕、芒草心與夢想城鄉的木作品、新安兒少的手作網袋與二手小舖、街友大哥的滷味、冰斗喫甜的甜點蘊含產地農家的故事（陳家瑜／二〇一七），還有南機拌飯格外有意思的「嫌棄蔬果」的料理美味。重要的是，這是個故事交流的場景，攤主與民眾可以近距離對話與相互理解。從二〇一六年起至二〇一八年四月已辦理五次，一季一次的培根市集，日漸站穩弱勢聯手的態勢，也不斷擴增參與團隊的巧思，包

圖2.7
在社區內不同據點輪流舉辦，規模一次比一次大的培根市集。（侯志仁／攝）

括短講與地方文史的對話。

萬華協力是種邊陲的互助

寫到這，我自己也為協力可以靈活到這般境界，感到不可思議。原來，在一起不是神話，開闊的胸襟與互助的胸懷，讓大家走得近走得巧。

萬華，懸在天龍國境的西陲，東邊中華路與中正區對望之外，三邊皆由淡水河與新店溪環繞著，是邊陲。這可以理解，因為河流淤積而沒落的西區，以及由溪河另邊過橋而來的城鄉移民，在萬華尋找廉價的落腳空間，而早期興建的小坪數整建住宅與尚存在的違建區塊，就是選項。工作呢？早期的印刷業、環南批發市場與服飾商圈，是他們的從業選項。

因為坐落天龍國境內，市府有優於其他縣市的福利經費與設施與人力，讓小小幅員的萬華，可以輕易存在至少七、八十個福利服務部門，協同為台北市最弱勢的區域努力。工作夥伴面對的棘手，協力幫忙找到出路，協力扣緊林林總總的力量，部門與社區也支撐協力的永續。

然而，動態一直與我們同在，個別部門的動盪多少影響協力的參與，或許個別部門急於發展，對於協力的慢熟有點耐心不足，但每月一次的大協力聚會，保持有三十來個部門的參與，有點來來去去，這樣的開放氛圍或也侷限對話的深度。不過，老人、兒少、社區頭路與踩街的次協力發展穩定，展現協力十來年的蘊功。而協力仍未成立具體的人民團體組織，是以跳脫團體運作既定的窠臼；然而，居安思危或許也該是協力夥伴要有的深思熟慮。

一路走來，我的心情像爹娘，細心看著協力的成長茁壯，就像有機生命從中樞到末梢的越發靈活，肝膽脾胃的功能各盡其責，不斷的聚會就像運動能舒展筋骨，腦活力越發顯得靈光。

參考書目

立心慈善基金會（1995）。〈台北市萬華區老人社區照顧實驗計畫—尋回艋舺的愛成果報告〉。載於台北市政府社會局，《台港社區照顧研討會會議手冊暨論文集》，頁一五七—二〇六。台北。

李豫英（2012）。〈用心看待我們的街頭世界〉。載於台北艋舺扶輪社編著，《艋舺千帆再起：文化故鄉古今時空漫步》，頁224-231。台北：台北艋舺扶輪社。

沈曜逸（2017）。〈落地生根—十年組織工作者的在地經驗與反思〉。載於羅秀華、沈曜逸主編，《無論身處何處：14位社工的社區工作姿態》，頁一一一—一二六。台北：松慧。

林蘭因（2007）。〈萬華社區動員網絡與協力結盟〉，載於羅秀華、張美珠主編，《社區化的福利服務》，頁一九五—二二六。台北：松慧。

柯得隆（2012）。〈繁城歷史與情色文化的結〉。載於台北艋舺扶輪社編著，《艋舺千帆再起：文化故鄉古今時空漫步》，頁一九二—二〇三。台北：台北艋舺扶輪社。

陳家瑜（2017）。〈社區中的「食物」工作者〉。載於羅秀華、沈曜逸主編，《無論身處何處：十四位社工的社區工作姿態》，頁二三九—二五四。台北：松慧。

陳穎叡（2017）。〈艋舺踩街~社福、在地鄰里與商圈店家的社區動員〉。《二〇一七艋舺踩街報踩街十年特集》，頁三—九。

黃素鈴（2017）。〈105年待用卷服務執行報告〉。載於《二〇一七艋舺踩街報》，頁十—十二。

黃適上（2012）。〈是艋舺，還是台北人間失格〉。載於台北艋舺扶輪社編著，《艋舺千帆再起：文化故鄉古今時空漫步》，頁二一八—二二二。台北：台北艋舺扶輪社。

羅秀華編撰（1988）。七十七年度社會工作評估報告。台北：台北市政府社會局。

羅秀華（2007）。〈協力夥伴：萬華的福利部門與社區協力於弱勢照顧〉。載於羅秀華著，《社區結盟的本土實踐》，頁五七—一一三。台北：松慧。

羅秀華（2013）。〈看見萬華的協力作用力〉，社會政策與社會工作學刊，17（2）：157-211。

羅秀華、沈曜逸、李柏祥、黃韻潔編著（2012）。類湯恩比館的實踐取向：社工社群在草根社區的服務學習與推進。台北：松慧。

蘇姮伃（2017）。《台北市一〇五年度低收入戶及中低收入戶總清查報告》。台北市政府社會局。

3

〔舊城再造〕台中中區再生基地

蘇睿弼——文

教戰守則

- 走在大街小巷，用身體來思考，觀察洞悉變化的契機，持續抱持夢想；人類因為夢想而成長，城市因為夢想而再生！
- Think Globally -- Act Locally -- 滾動式修正願景的行動步驟：願景→調查→媒合→行動→願景→調查→媒合→行動∞
- 都市再生的三大元素：空間、產業、社區（社群）；城市共生的三大要件：信任、共享、關懷。

DRF GOODOT VILLAGE, TAICHUNG

舊市區午後的一杯咖啡

還記得那是二〇一二年的元旦下午，我走在台中的舊市區，天氣晴朗的星期假日，光天化日之下，街道上卻沒有什麼人影，兩旁的店鋪鐵門深鎖，很奇怪詭異的氛圍，有點像日本攝影家中野正貴的攝影集《Tokyo Nobody》中的街景，我好像誤闖了一座曾經繁華的廢棄城市。這個在我唸大學時期熱鬧非常的台中舊市區，才不過三十年的時間，竟然成為一座空城。

話說我重新踏入這個街區的目地，並不是來探險，而是剛承接了台中市政府的舊市區再生研究計劃，這個為期一年的研究計劃的工作內容中，比較特別的是規定計劃團隊必須要在舊市區設立駐點辦公室，所以我只好趁著假日來尋找租屋物件，可是很奇怪地，一路上看到很多鐵門深鎖的店家或空屋，卻很少看到招租的廣告或紙條。正想找位居民或店家打聽，剛好看到一間似乎有在營業的咖啡店，懷舊風格的外觀和門前的大樹成蔭，吸引了我的目光，試著推開門走了進去。店內沒有客人，櫃台內卻有兩位女士，看似老闆娘的女士請我自己找位子坐，環顧室內陳設，新藝術風格的燈具和擺飾，厚重的彎木靠椅，有著五、六十年代的復古味道，感覺好像進入了時空隧道，對比窗外沒落的街景，有一點超現實的感覺。

點了一杯招牌咖啡，女店員用虹吸式咖啡壺慢慢地調製，看到櫃台後方磚牆上的壁畫，讓我想起留學期間經常去的東京銀座一些老咖啡店，咖啡的香味飄散在室內，伴隨著咖啡壺水煮沸的咕嚕咕嚕聲，老闆娘輕輕地端上了咖啡。看到眼前的咖啡杯組，我停頓了幾秒鐘，有著金色把柄、虹彩滴瓷釉燒的半圓咖啡立杯，搭配著同樣色澤、心形碎花開口金色鑲邊的碟盤，我瞬間跌入了記憶的大海，因為有記憶以來，喝過的第一杯咖啡的模樣，竟然出現在眼前！眼前的咖啡杯，和小時候父親買過的第一套咖啡杯組一模一樣。記得小學時候，父親下班回家的晚餐後，全家圍著剛買的電視機，父親幫大家泡上一杯濃醇的咖啡，成為我們這公務員家庭生活中的小確幸。這少年時的家族記憶，竟然在這沒落的街區中再次相遇。

由於店內沒有其他客人，很自然地和老闆娘攀談起來，她講述當年和她先生創業的故事，以及早期這一帶的繁華榮景。由於鄰近台中市政府（州廳）、民族路上的診所和民權路的銀行、辦公大樓，平日就有許多來附近洽公或看診的人們會來店裡喝咖啡，而自由路上的百貨公司還在時，假日的生意更好。老闆娘說著說著，拿出開店幾年後抱著剛出生的大兒子在店裡的合照，照片中的小寶寶現在已經是二十多歲的年輕人，幫忙負責打理高雄和台北的分店，偶而才會回台中老店看看爸媽。原來這是一間南北知名咖啡店的「總店」，而店門前的老樹就成為它響亮的店號。雖然這間總店周邊的街區已經沒落，店裡的生意也大不如前，但老闆娘還是幾乎天

圖 3.1
台中舊市區的魅力：老樹咖啡。

對頁｜**圖 3.2**
全台灣空屋率最高、閒置空間最密集的台中市舊市區。

天會來店裡，因為時常有許多老客人前來光顧，原來是人與人的情感聯結，維繫著這間在地堅持的老店。而我這位初次踏進這裡的客人，竟然也能從這空間與物件中，找到時代的記憶與個人的回憶，我想這正是台中舊市區的獨特魅力。

老屋再生的時代背景與台中舊市區的沒落

台中舊市區雖然充滿著獨特的魅力，但不可諱言地，這裡就像台灣各地許多城市裡的舊市區一樣，面臨著產業沒落、居民外移、空屋閒置等深刻的議題。二十一世紀的台灣，各地興起了老屋再生、空間改造的現象，就可以看到這個問題的普遍性。從台南的古都保存再生文教基金會二〇〇八年開始舉辦的「老屋欣力」徵選活動，藉由大眾媒體的宣傳，推廣老屋活化的經驗，到二〇一〇年台北都更處推動的

「都市再生前進基地（URS－Urban Regeneration Station）」，運用容積移轉的方式，由公部門將老房子加以修復後，再委託給民間單位來經營，或是類似台北市文化局發起的「老房子文化運動」，對外招募民間企業修復經營公有閒置建築。這些現象，都說明了經過二十世紀經濟高度成長期，進入二十一世紀高齡少子化時代的台灣，在都市發展過程與社會資源積累的運用上，開始有了一種新的轉變。

其實從二〇〇四年姚瑞中老師出版的《台灣廢墟迷走》（田園城市／二〇〇四），就可以看出台灣社會變化的端倪，該書中收錄著台灣各地的廢墟紀錄攝影與遊記文字，從分布於全台的工業廢墟與環境汙染、廢棄住宅與災難住宅、到廢棄遊樂園與信仰神祉的廢墟廟宇，這些都顯示著台灣在經過資本主義的大量生產、大量消費、大量廢棄的過程後，進入二十一世紀，各地出現大量的空間棄置與社會剩餘。這些如雨後春筍般出現的閒置空間與建築物，其存在現象的背後，有些是因為產業蕭條而導致人口外移，有的則是土地資本投機炒作的惡果，也有些是地方政治資源分配下的瀆職浪費，而當我們把焦點放到舊市區時，更可以看到富裕階層的資產閒置、世代交替經營傳承的缺乏、土地房產繼承的細分而無法整合、房價哄抬租金過高而閒置等現象。

空屋閒置久了就變老屋，老屋烙印了時間的刻痕，就成為廢墟，廢墟多了，整個城市就慢慢死去。台中舊市區的沒落，除了上述的種種原因之外，另一個重要的結構性因素是私人運具的普遍而帶動的郊區化都市發展。原本只有五百公頃的舊市區，戰後五十多年來，外圍多了三千多公頃的重劃區，人口並沒有大幅度的成長，而大規模重劃區的劃設，使得人口與產業不斷由舊市區流向新興的重劃區，消費人口也隨之外移。一九九五年衛爾康西餐廳大火後，消防法規的管制變得更為嚴格，中區的房屋老舊，大多無法符合相關的規定，而新興的重劃區卻能提供成本較為低廉的土地，並能輕易地符合消防規定以快速取得使用執照，舊市區的推力與重劃區的拉力，使原本十分蓬勃發展的特種行業、百貨公司、商場等紛紛出走至重劃區，也因此促成了舊市區的逐漸沒落。

台中舊市區的發展，可以說是典型的都市擴張（urban sprawl）現象而導致舊市區空洞化的結果，從世界都市發展的角度來看，卻是一個相當特殊的例子。在這裡我們要面對的不單單只是單棟的老屋活化或是歷史街區的風貌再造，它是一個都市擴張所帶來的舊市區衰退議題，也是一個缺乏世代交替的社會文化問題，同時也是土地資本商品化的經濟問題，這些現象與特徵，都呈現在全台灣空屋率最高、閒置空間最密集的台中市舊市區。

中區再生基地的誕生

二〇一二年一月，台中舊市區綠川邊的宮原眼科正式開幕，為沉寂已久的台中舊市區帶來了許多人潮，很偶然地，在同樣的時間點上，東海大學建築研究中心接受台中市政府委託而執行的「台中市舊市區再生計畫研究案—台中市舊市區都市再發展行動計畫」(二〇一二年一月—二〇一二年十二月）也正式啟動，此計劃的特點是工作團隊必須在舊市區中，設立一處駐點辦公室，來進行研究計劃的調查與相關社區擾動的行動方案。

還記得在前述二〇一二年元旦的那天下午，離開了老樹咖啡後，我沿著中山路往車站方向漫步前行，走到綠川邊上，看到一棟磚造建築正在進行裝修，從騎樓修復好的磚拱來看，可以察覺到其修復工程的用心，當時只覺得原有的二層的磚造建築上增建的玻璃帷幕量體，感覺有些微地突兀，而後來知道這是以鳳梨酥聞名的日出集團在舊市區的新店面（宮原眼科），玻璃帷幕上的斜條紋，象徵著鳳梨的圖案，也就不禁莞然。的確，沒落的舊市區是需要一些商業的亮點來吸引人潮，而從這棟舊建築的修復中，我也察覺到舊市區一絲絲變化的氣息。就在附近閒逛之際，看見了一棟看似廢棄的轉角樓房，其一樓店面正在裝修為7-11便利商店，工地旁的樓梯通往二樓，好奇的我偷偷地走上這廢棄樓房，就在一片昏暗而破敗殘亂的空間中，看到眼前方格窗所映照的陽光灑落地板，就像著名的建築師路易士康（Louis Kahn）說過的「Structure gives light makes space」。那光景至今仍然難以忘懷，而中區再生基地也就在那一刻誕生了！

二〇一二年三月，東海大學建築研究中心團隊正式租用了這一處閒置了近十多年的銀行（第一銀行）二樓一百五十坪的空間，在完全沒有任何整修經費的狀況下（計劃經費只有房租補貼），只好自己掏腰包，同時在一些朋友和建設公司的贊助支援下，除了必要的水電設備由專業廠商來幫忙之外，自己帶領著助理和學生從打掃廢墟開始，清潔地板、粉刷油漆、製作

圖3.3
2012年元旦午後陽光灑落空間的一剎那。

對頁｜圖3.4
2012年5月4日中區再生基地開幕。

傢具，以最少的預算將這閒置空間重新加以整修改造為台中舊城區的新據點，並取名為中區再生基地（DRF Goodot Village）。現在回想起來，都覺得自己當初怎麼會有這樣的勇氣，因為只是一個為期一年的研究計劃，計劃結束後，如何營運維持這空間和場域？第二年之後的人事經費在哪裡？老實說，當時並沒有考慮那麼多，我和助理們完全被這廢棄的空間魅力所吸引，雖然計劃只要求駐點辦公室，並沒有規定空間大小，然而我們認為要活化一個街區，重點應該在於塑造新的公共場域，在這沒落的街區中，我們看到了這個一百五十坪閒置空間的潛力。

中區再生基地於二〇一二年五月四日正式開幕。開幕當天，除了舉辦計劃工作內容規定的「舊市區再生計畫研討會」之外，並同時舉辦了為期一個月的「中區的過去、現在、未來特展」，藉由團隊收集台中舊市區著名攝影家（林權助、陳耿彬）

的老照片、以及日本攝影家淺川敏拍攝眼前的舊市區影像，加上東海建築系四年級學生，以台中舊市區為設計操作範圍，所提出對於舊市區未來發展願景的提案作品，展開了大學教育踏出校園，嚐試與都市再生、社區發展結合的第一步。

一 中區再生計劃的願景與策略

如前文所言，台中舊市區沒落的結構性因素，在於失控的都市蔓延，上個世紀末，歐美等國開始檢討這類藉由開發為名，將農地變為建地的開發模式和土地利用方式，在都市永續發展的前提下提出了緊湊城市（compact city）的概念，特別是在既有的都市中，重新調整土地使用模式，增加土地的利用強度，藉此避免都市的擴張而侵害了生態敏感地；既有的城市中則盡可能地增加綠地面積；縮短交通距離減少碳排放。

因此以大眾運輸為導向的發展（Transit-Oriented Development, TOD）成了主要的模式，減少私人運具的使用，鼓勵使用自行車等低碳公共運具及步行，強調人本環境的重要性，塑造高密度的生活機能設施，鼓勵混合使用和多樣性，建構可步行的街道空間以有效的方式來利用資源，用生態友善技術、尊重生態及自然系統等來維護環境，這些新都市主義（New Urbanism）的規劃理念，也是在反省都市蔓延（Urban Sprawl）以及邊緣城市（Edge City）所帶來的種種問題後，而形成的新規劃理念，說明了二十一世紀都市範型的轉變。

一百年前規劃出來的台中舊市區，在汽車等私人運具不普遍的那個年代，原本就是一個以大眾運輸為導向的街區，同時也是一個適合高齡少子化時代的「緊湊城市」，因此台中舊市區的都市再生願景，並不是去模仿重劃區的發展模式，而是重新發揮其原本都市形態與空間的特質。

中區再生計劃不同於以往學術單位的研究計劃，不僅僅止於提出建議式的報告書計劃，而是強調短期行動的重要性，因此我們以「願景」、「調查」、「媒合」、「行動」的步驟，從世界各地的都市再生案例研究，以及台中舊市區的特質中，重新釐清其發展願景，藉由全面深入的調查（都市基礎資料、空屋現況、產權關係、歷史人文、產業資源等），並以各類的工作坊、座談會、展覽活動等來進行媒合，進而從中找到可以付諸行動的潛力點。在策略上，大致有下列三點：

▼ 1. 城市新夥伴關係

從一九八〇年代起，歐美國家在受到政治運作模式與民主選舉文化的牽制之下，對於始終無法藉由提高稅率而增加國家總體營收，而在社會福利支出提高的情況下，對於國家公共建設更產生了排擠現象。因此西方國家紛紛為公共建設尋找新的出路，發展出各種公私合營模式，使政府在面對經費與人力資源日趨緊縮的情況下，還能創造更佳的公共服務品質，提高人民對於政府的施政滿意度。因此城市的開發與經營，從過去由上（公部門）而下（私部門）的管理模式，慢慢轉變成為公私合作的夥伴關係模式。

城市夥伴關係的形成，在於與城市開發與經營相關的事業主體、創造主體、利用主體是否能分享一共同的空間策略，進而朝向城市未來發展的願景邁進。中區再生計劃的主要構想，希望藉由策略的擬定，觸發未來城市夥伴新關係的形成，也就是運用調查研究、說明會、工作營等手法來研擬空間策略，引發空間議題與社會的討論，以此作為觸媒，為構築新的城市夥伴關係打下基礎。

近幾年歐美日許多等國家的舊市區再生，紛紛朝向以地主和民間團體為主導的市民參與模式，藉由地主和民間團體主動的經營，在舊市區地價下降、房租低廉的狀況下，以創造性的思考適時地導入新的產業，透過民間的力量從小規模的點狀開發，進而擴大到面狀的影響，並可以牽動大企業的後續進場。在這過程中，政府單位主要在於協助地主和民間團體進行舊市區再生的行動方案、輔導年輕人與新興企業進入舊市區創業，並給於稅制上的減免或補助。此外，政府部門還可以進行都市基礎建設的重新檢討與新型交通系統的導入，或是針對目前的法律規章進行檢討與鬆綁。藉由以上的政府與民間角色的重新定義，來構築兩者之間新的城市夥伴關係。

▼ 2. 從面到點

隨著時間的推移，城市也變換不同的樣貌，歷史與現代經常並存在都市中，有高聳的帷幕大廈，也有蘊含都市發展脈絡的舊城區。而不同世代的人們穿梭、居住於其中，讓城市散發獨特的人文況味。原本扮演都市中心功能的舊市區，隨著都市向外擴張，逐漸被現代化的都會區取代，繁華落盡後被視為破敗且極待改造的地區。面對台中市舊市區更新問題，以往政府大多使用都市更新手法，進行重整與改造，期待改善原本窳陋狀況，為城市注入活力。

然而，一般的都市更新都採用大規模土地開發模式，將舊城中建物全面拆除，重新規劃與建造整個城市，文化與商業等要素、機制及模式，全都重新再來，但如此一來，在地舊有累積已久的特殊紋理，以及人民對其的情感記憶，全部抹煞，此座城市

圖3.5

中區再生的願景：適合步行的緊湊都市（Compact City）。

也成為了沒有記憶的城市，抹滅了其歷史價值與人類生活其中的各種痕跡。

因此，關於台中市舊市區之再生計劃，我們希望用另一種再生的方式取代如此粗糙的更新手法，以「節點更新」方式來處理，保存了原有的在地紋理，使城市價值能永續，以較柔軟的方式，置入新的力量，讓文化與商業等要素、機制及模式，保留下來，進行修正與活化。此外，由於舊市區的土地產權分割細分化，進行大規模的土地整合相當困難，因此推動大面積的都市更新並不容易，我們建議藉由活化具公共性潛力的中型規模的閒置空間（例如中區再生基地所在的銀行），創造新的公共場域，以達到都市再生的目的。

▼ 3. 從面到線

台中舊市區的再生策略中，除了前述閒置空間的「節點更新」策略之外，在開放空間的系統上，採取的是從面到線的「綠網系統」策略。例如將上圖面狀的方形公園，與同樣面積的線狀綠網來比較時，可以發現同樣的綠地面積，線狀綠網的周長遠大於面狀的綠地面積，因此線狀綠網能夠更密切地接近舊市區的生活內容，而不會全面破壞既有的紋理，而從形態上來說，線狀綠網可以分成數段的線性來構成，因此其介入舊市區的層面較小，實現的可能性也較大，也就是說，在面對舊市區的改造與再生時，線狀綠網也可以說是利用最少的介入，即能造成最大效果的一種空間規畫手法，而這樣的介入手法除了能保留現有環境的特性，對於改善環境生態有更大的效應。而且在綠網系統的架構中，便於導入以步行、自行車為主的人本環境，建構適合於高齡少子化時代即將到來的安全都市環境。

中區再生基地的三個任務

基於以上的願景與策略，中區再生基地自從二〇一二年成立以來，除了執行政府部門的計劃之外，其主要的三個任務分別是：

▼ 1. 閒置空屋的調查與媒合

由於台中舊市區裡閒置的空屋數量相當多，中區再生基地成立的第一年，主要的調查工作即是閒置空屋的調查，我們將整個中區的六十三個街廓加以編號，將每個街廓裡的空屋標定出來，並針對空屋的地籍產權、屋齡、建築結構、屋主、現況等資料加以建檔，然後區分出大、中、小的基礎資料。雖然舊市區有那麼多空屋，但由於持有的屋主大多在經濟上並無匱乏，因此這些空屋並不會公開租售，也不會成為不動產市場上的物件，這也是阻礙了大型資本進入這個街區的內在原因。我們掌握了這個街區閒置空間的資訊，同時在街坊巷弄的田野調查資料收集中，也開始接觸到許多在地的屋主，雖然執行的計劃裡並沒有要求我們進行媒合的工作，但由於經常有年輕人到中區尋找空間，而我們也認為當閒置的空間導入新的創業青年或企

圖3.6
台中舊市區內陸續出現的改造新亮點。

業，方能為沒落的舊市區帶來新的活水。因此透過中區再生基地的調查與媒合，促使了好伴共同工作室、南夜大舞廳、中央書局、繼光工務所、味無味養生餐廳、柳美術館等閒置空間得以再生，也因此這幾年台中舊市區已經成為許多青創和中年創業的處女地，此外，將閒置空屋改造為設計旅館也成為新的趨勢，包括：綠柳町文旅、紅點文旅、背包401、1969藍天飯店、過來旅店、朗舍行館等新的亮點陸續出現。台中舊

圖3.7、3.8
繼光工務所的改造過程。

市區慢慢成為年輕創意聚集的新區域。

在空間改造的過程中，由於中區再生基地並沒有太多的資源，因此通常採取接力式滾動的活化模式，來促進多方資源的整合與連結，進而累積地區的社會資本。以最近獲得許多建築獎項的繼光工務所為例，在建築物的屋頂坍塌處於廢墟的狀態時，中區再生基地以短期無償使用的方式，媒合年輕人以清理空間為交換條件，獲得建築物短期的使用權，利用部分的一樓空間開設小書店「本冊」，之後募集了一些資金，購置帆布將屋頂覆蓋以短暫解決屋頂坍塌漏水的問題，然後利用現有的建築物舉辦工作坊，也邀請到日本建築師中村好文與台灣廖偉立建築師，進行空間改造提案，之後陸續媒合藝術家與大學生來使用此建築，做為藝術工作室與展場。最後終於在二〇一七年媒合賴人碩、吳建志等年輕建築師，並與屋主談妥較長的租期，正式活化此建築物而成為繼光工務所。

▼ 2. 提供在地導覽資訊——《大墩報》

從二〇一三年起，中區再生基地在新年度的計畫案中，開始發行屬於台中舊市區的社區報——《大墩報》，這份以主題地圖為主的刊物，不同於以往社區營造活動裡以社區居民為主體的社區報，由於台中舊市區多為商業區，特別是中區在都市計劃上還是一片紅色的商業區，白天雖然大馬路上還有人潮，可是到了晚上，小巷裡卻空空盪盪，因為這裡主要是租屋開店的商家，居住人口相當少。因此當初我們在思考這個社區報的定位時，反而是以促進舊市區的店家能夠生意慢慢變好的角度來思考，也因此決定了以主題地圖的方式來發行。跳脫一般觀光導覽書的景點介紹，藉由每期不同的主題，提供在地的資訊，讓觀光客和市民可以每次都從不同角度來遊逛舊市區，也就是與其讓一百萬人來一次，倒不如讓一萬人來一百次的概念。中區再生基地發行的大墩報，從創刊號〈青創趣〉、第二刊〈傳家寶〉、第三刊〈職人藝〉、第四刊〈巷弄美食〉、第五刊〈漫遊總動員（旅店）〉、第六刊〈建築大集合＋臉書大放送〉、第七刊〈鈴蘭通〉、第八刊〈書店咖啡廳〉、第九刊〈舊城空屋〉、第十刊〈自行車逛中西區〉。每一刊耗時費工繪製的主題地圖，都是中區再生基地團隊用雙腳探索城市空間的呈現，每期的編輯工作則是集結了許多年輕夥伴的心智與勞力，過程中許多舊市區的店家主動與我們保持聯絡，而一些在地居民也帶著老照片到辦公室跟我們分享許多舊市區的故事，《大墩報》也慢慢成為中區城市漫遊的另一種指南，同時也是許多地圖迷收藏的對象。

▼ 3. 發掘在地議題，經營社群團隊

中區再生基地團隊從二〇一二年進駐到台中舊市區，便開始在臉書上設立粉絲專頁（https://www.facebook.com/GoodotVillage/），目前已達二萬多人的粉絲群，除了網路媒體之外，我們藉由各類工作坊、展覽活動的策劃，衍生出許多與台中舊市區議題相關的年輕團隊，中區再生基地漸漸成為年輕人重新認識舊城區的交流大廳，這裡提供年輕人瞭解與體驗台中舊城區的各種面向，讓年輕人從在地關懷開始，並付諸實際行動，這裡像是一所社會學校，許多年輕人在這裡找到志同道合的朋友，一起描繪對這城市的理想，共同來關心這個城市的過去、現在與未來。這幾年下來，台中舊市區也漸漸成為許多關心在地文化資產、社會議題、自然環境、產業發展等議題的團隊和社群聚集的區域，包括有：好伴社計、台中文史復興組合、綠川工坊（綠川漫漫）TC

Time Walk、寫作中區、大同國・小花園、大墩城聲、建國前半生、1095文史工作室、角落微光、街區實驗室、誠實商店、SEAT南方時驗室、逃亡計劃Escape PLAN "X"、Face Off等團體，除了以上的年輕團隊之外，還有許多非營利組織與公民團體，包括：好民文化協會、熱炒民主協會、台灣社區培力學會、台灣社區重建協會、肯納自閉兒基金會、華山基金會、弘道基金會、勵馨基金會等等。以上這些議題社群和公民團體，聚集在面積約一平方公里的舊市區範圍裡，可以說這是台中舊市區跟台灣其他都市非常不一樣的地方。

中區再生基地透過以上三個任務的行動與操作，其主要構想在於重新聯結空間、產業與社群（社區）之間的關係。將閒置空間藉由短期活化的活動導入新族群，而透過中區再生基地的媒合，選擇理念相同的企業或專業者進駐舊市區，投入資本把閒置空屋整修活化後，便有了對公共事務有參與意願的店家和企業，形成新一波的產業，這些關心街區發展和願意與大眾分享的企業，又能帶動更多的社區市民或社群來關心舊市區，關心舊市區的社區市民和社群變多了，閒置空屋被活化的機會也就變大了，也因此在這樣的空間、產業與社群（社區）的良性循環之下，沒落的舊市區將會慢慢走出新的重生之路。

一 對抗商品化與仕紳化：中城再生文化協會

隨著建國市場拆除、綠川整治與開蓋的落成，台中車站周邊正如火如荼地進行各項工程，站前廣場、前站大廳、綠空鐵道、台糖公園等，甚至接下來的鐵道文化園區、大車站計劃等等，在政府各部門的大力推動下，台中的舊市區正走向復甦的道路。這陣子，走在舊市區的街道上，不時可以看到許多招租的廣告，就可以感受到中區的再生，既然中區已經在再生了，中區再生基地似乎也該功成身退了。

中區再生基地原本只是大學老師帶領助理和學生走出校園而成立的學習與實踐的場域，六年多來歷經二任市長，持續以「願景、調查、媒合、行動」的步驟，透過各類導覽、走讀、講座、工作坊、展覽等活動，讓年輕人和市民們，重新來認識舊市區，並在不同的計劃中，出版發行介紹台中舊市區的《大墩報》，過程中也培育出許多關心舊市區的年輕團隊和社群，中區再生基地算是完成階段性的任務了。

然而當舊市區開始復甦時，如何面對下個階段的課題，是中區再生基地團隊一直以來在思考的。特別是，當我們時常被質問到當舊市區再生後，地價漲了、房租漲了，年輕人和弱勢團體只能選擇離開時，我們其實是不服輸的。為了要以行動來證明這城市仍然有著許多人的夢想，中區再生基地必須要轉型，要轉型為更多市民與社會資源可以參與的協會模式來運作。

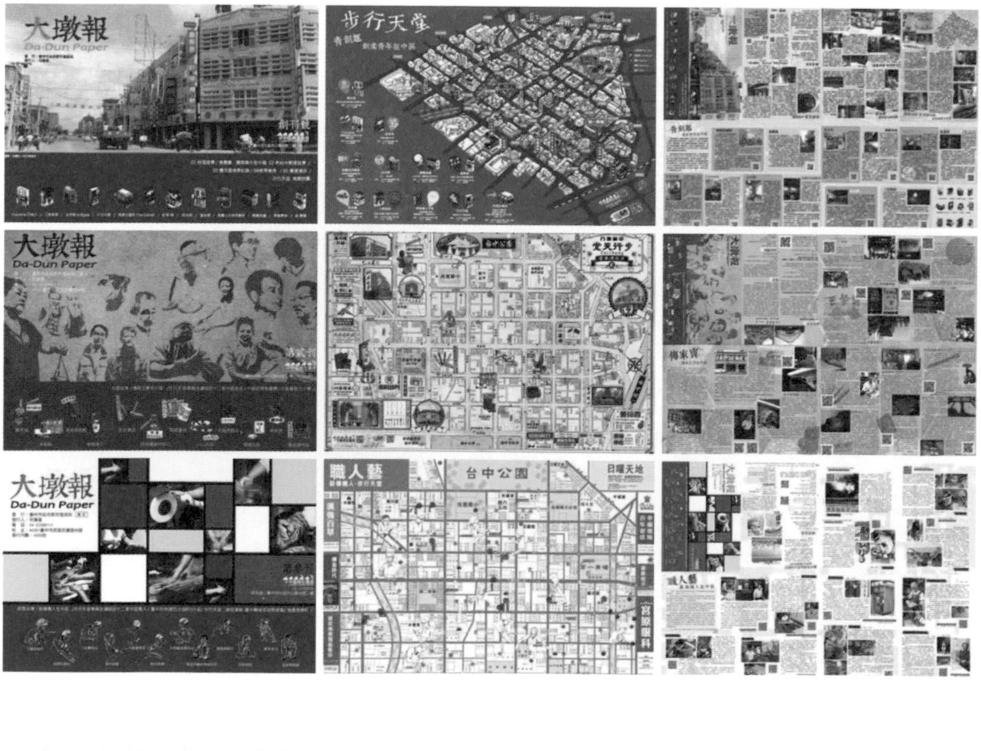

從去年起，我們召集了一群五、六年級生共同來組成了「中城再生文化協會」，希望藉由新的中年族群平台，往上連結銀髮世代的智慧與經驗，往下支持年輕世代的熱血與行動，特別是協助舊市區的地主和經營者，當大家重新找到對這塊土地、這個城市的生命連結，那才是我們對抗資本主義商品化與仕紳化的最後力量！

中區再生基地的粉絲專頁雖然改名為「中城再生文化協會」，但活動的地點仍然在中區再生基地所在的位置，也就是台中市中區中山路六十九號二樓的空間，經營一個空間是不容易的，到目前為止中區再生基地團隊獨力經營了七年，過程中也曾經被誤會是政府單位。做為一個以學校老師團隊進入街區的實踐場域，如何持續經營是一個很大的課題。就在幾個月前，我們被屋主通知將不再續約，因此很可惜地，中山路六十九號二樓的空間，將在今年（二〇一九年）底結束營運。這是一個很殘酷的事實，舊市區的確在復甦當中，但復甦的過程中，一些NGO或NPO團隊反而因租金上漲、租約停止等變化而身受其害。不過所幸，東海大學在二〇一八年以台中舊市區為實踐場域，提出「都市再生行動學院－社群與社區協力下的都市再造與社會創新」為主題，申請到科技部人文創新與社會實踐計劃（簡稱人社計劃），將東海大學位於青果合作大樓（綠川旁）十一樓之閒置多年的電腦教室，加以整修活化，做為計劃之專案辦公室，並成立「社會實踐暨都市創生中心」，做為推動計劃之主要行政單位，也將成為東海師生們以台中舊市區為學習與實踐場域的新據點。

一團火苗的停熄，另一盞火苗正在燃起，舊市再造是一個永不停止的行動，請大家拭目以待！

圖3.9
《大墩報》——台中舊市區漫遊的在地指南。

4

〔城市修復〕高雄哈瑪星的街區保存

許瀞文——文

教戰守則

- 以老房子做為建築技術傳承的場域。
- 走出去認識城市的建築。
- 讓保存成為串連議題與民間力量的平台。

NEIGHBORHOOD CONSERVATION IN HAMASEN, KAOHSIUNG

週六早上九點，商店鐵門還沒拉起、路上人車稀稀疏疏時，距離高雄捷運西子灣站兩個街口的捷興二街上，有一群人已經在揮汗勞動，鑿著、鋸著木料。他們所在處是一間只剩三面磚牆、頂著臨時搭建屋頂的空屋。可以說，這房子壞了一半，也可以說，這房子蓋了一半。這裡是他們要修復的建築，但，他們不是工人或木工師傅，而是打狗文史再興會社舉辦的木工班學員。

不同於近年來四處興起的工藝木工班，會社的木工班不教如何做生活小物或家具，而是教俗稱「大木作」的建築木作。套句學員的話，參加木工班「從頭到尾帶不走任何東西」，做出來的成品沒辦法帶回家，也沒辦法上傳臉書讓人按讚，而要留在施作現場，甚至可能被後續的修復工作遮蔽而看不到。

讓毫無背景或經驗有限的人邊學木工邊修房子並不是「正規」的修復方法。這是一場實驗，結合理念與技術的推廣，一方面實驗木作的傳承，一方面實驗建築保存的方式。從二〇一三年秋天第一期木工班開始，一直到二〇一五年春天的第五期木工班，捷興二街上的兩棟建築有了門框、窗框、牆面、門、窗，但它們依然是未完成的狀態。都市保存對話依然持續，這裡的未來也還在建築中。[1]

1 筆者為木工班第一屆學員，除參與期間和後續活動時的對談與紀錄外，本文寫作也感謝木工班講師、學員、以及打狗文史再興會社成員接受訪談。文章中，學員名字採取匿名，其餘為本名。會社也出版了紀錄木工班的專書《新濱老街木工班——一場關於文化及城市的再興運動》。

打狗實驗場

——高雄第一個郵便局、第一個警察署，以及第一個市役所等等許多的「第一」，都須給哈瑪星。

（高雄市政府文化局／二〇一七）

捷興二街位在高雄人稱為「哈瑪星」的區域。雖然哈瑪星現在是高雄旅遊必訪之地，但，直到二〇一七年輕軌通車，把設在鐵道故事館旁的車站命名為哈瑪星站之前，它都不是一個可以在地圖上找到的正式地名。在一九八〇、九〇年代哈瑪星文化協會進行社區營造前，許多高雄人也已經忘了、或是沒聽過哈瑪星。即使今天哈瑪星已廣為人知，還是有很多人不知道這個名字的由來，也不知道它大致的範圍，只能模糊指稱「大概在西子灣那邊」。

哈瑪星確實鄰近西子灣，但兩者間還有運河與柴山區隔。會有哈瑪星「在西子灣那邊」的印象，或許是因為從貫通高雄市中心的南北軸線看來，哈瑪星和西子灣都在海岸「那邊」，也或許是因為二〇〇九年通車的捷運把位在哈瑪星的車站取名西子灣。根據鐵道故事館前館長陳建竹，本來捷運橘線要穿過柴山到西子灣，但，就在開挖到哈瑪星時，把臨海二路和捷興二街口的房子震倒了。因為地質不適合繼續挖掘，最後橘線只能在哈瑪星打

圖4.1
現今的鐵道文化園區見證著哈瑪星發展的歷史軌跡。（侯志仁／攝）

住，但卻延用原本預定的終點站名，而產生「西子灣」在哈瑪星的地理錯亂。

西子灣站二號出口是高雄市「文化公車」的停靠站，載運乘客到附近景點，如武德殿、打狗英國領事館、舊倉庫再利用的駁二藝術特區等。過去的歷史遺留與新的觀光發展組成了一般大眾認識的哈瑪星，而，結合高雄歷史研究、在地文史工作的調查、以及近年來的官方宣傳，也形成了「哈瑪星是現代高雄發源地與交通門戶」的敘事。

日治初期，因為打狗（高雄）港整建，在柴山腳下填築了一塊海埔新生地，並興建連結打狗停車場（車站）與港口的濱線鐵路。後來居民將濱線（はません，hamasen）轉化為閩南語發音哈瑪星（hámásing），成為這塊海埔新生地的非正式名字。[2] 港灣與鐵道建設促成了打狗的發展，從無到有填築而成的哈瑪星更有如都市計劃的實驗場，日本政府在此實施各種現代建設，規劃規格統一的道路與街廓。[3] 一九一〇年代，哈瑪星取代哨船頭成為打狗最繁華的中心，一九二四高雄設市後，市治就設在此。

日治時期的規劃奠定後來高雄的空間基礎，港口、交通、

2 Hámásing重音在第一音節，年輕人或外來者多以國語哈瑪星發音，或是音調有微妙差異，重音改放第二音節。

3 一九〇八年市區計畫頒布時，打狗主要聚落為旗後和哨船頭。

圖4.2
「不拆、不遷，守護哈瑪星」。（許滸文／攝）

與工業也成了二十世紀高雄的發展主軸。因港邊腹地不足，一九三八年，日本政府在大港埔新建車站，市中心也隨之東移。戰後國家重工業建設落在北邊的楠梓，一九六〇年代出口替代政策下的加工出口區則落在南邊的前鎮，高雄港也持續往南北擴建延伸。雖然貨物依然從舊車站（現鐵道故事館）運往港邊，前往外島的兵員也依然從哈瑪星出海，但哈瑪星與市區已逐漸被臨港線鐵路隔斷而慢慢沒落。

二十世紀末，隨著高雄的後工業轉型，臨港線一段段停駛，港邊的鐵道設施逐步被港務局和台鐵拆除，配合捷運與港區開發換取土地分區重劃。二十一世紀的哈瑪星成了高雄的觀光門戶，市府興建捷運，打通往港區的道路，截斷鐵軌，將哈瑪星、碼頭、與舊倉庫區連結成完整空間。港區成為吸引投資與觀光的水岸休閒空間與商業用地，也是市政府爭取政治支持與中央預算時可見的建設成果，在此實驗各種讓高雄有「國際大都市」風貌的規劃。

哈瑪星的新發展卻也為捷興二街與臨海二路的街廓帶來生存危機，並促成打狗文史再興會社生成的契機。日治後期，這塊街廓被重劃為交通用地，戰後市府沿用同樣規劃，將其劃為「廣場三號用地」，屬都市計畫法的公共設施用地，既存建物不拆除，但屋主只有地上權，土地歸屬市政府。二〇一二年三月十五日，為容納觀光帶來的交通流量，市府貼出公告要求廣三居民在三個月內搬遷，以拆建停車場。在廣三成長、北上工作二十多年的郭晏緹回憶說，她假日回高雄時，遇到街廓南側一二三亭樓上「貳樓」茶館[4]的老闆林唯禾，才知道市府要求他們搬遷。突如其來的搬遷令引起嘩然，經常出入貳樓的顧客串連居民和非政府組織發起抗議，市政府在壓力下做出緩拆決定。之後，部分參與者組成了打狗文史再興會社，郭晏緹返鄉擔任理事長，辦公室就設在郭家隔壁屬於永豐餘的一棟空屋裡。

抗爭過後

——我們要修一棟房子不是說兩個月三個月的，我們希望這個是有教育性的。

（郭晏緹，打狗文史再興會社理事長）

為了爭取保留，抗爭人士強調廣三的歷史價值，指出其所在的「新濱」隨著哈瑪星的發達吸引移民與產業，當地的老屋正是這段歷史的遺留。這些建於一九二〇年代的房屋基底是日式木屋，但混合歐式、閩式風格，反映了交會在哈瑪星的多重文化，也反映了二十世紀初日本的另類現代性。幾十年下來，因為沒有土地權，屋主大多不會大幅翻修房子，因此廣三的建築依然保有舊日風貌。

市府雖然允諾保存廣三，卻沒有具體的構思。抗爭過後，打狗文史再興會社也在思考未來如何持續，而不是停留在抗爭的階段。在抗爭前期調查的基礎之上，會社出版了老建築地圖，也舉辦導覽。但，除了短期活動之外，有沒有能發揮更長期影響、製造更大效應的事情可以做？保存與修復成為會社著重的方向，也在與市府局處的討論當中，有了回收舊木料修復老房子的構想。[5] 以廣三的老房子做為學習與施作現場的想法逐漸成形，而開啟了木工班的計畫。

4 一二三亭原為料亭（りょうてい，餐廳）。貳樓已結束營業，目前現址為書店喫茶一二三亭。

訓練素人做木工的原因之一，是因為修復匠師難尋。如果平常的修繕可以更容易進行，就能提高保存意願，並延長老屋壽命。第一屆木工班助教藍傑鴻認為，透過木工班可以引入專業技術，如果有更多人願意珍惜老房子，匠師就有更多發揮的場域，如此一來，傳統木工技術也能在現代社會中找到價值。另一方面，藉由木工班，會社也希望為新濱帶來實質改變，幫官方眼中破舊無價值的房子找回風采。木工班背後推手曾瑜芬說，會社希望將資源與人力帶進來，回饋給廣三。另一位會社成員則指出，會社提出來的計畫也算是在「幫政府解套」，替市政府設想除了開發外，新濱還有什麼可能性：「如果只是抗爭而不想其它的出路，是沒有辦法跟官方談的。」因此，木工班的誕生，一方面來自於讓傳統技術與現代都市共生的理想，一方面也來自現實上修復的需求與說服公部門的考量。

前兩期的木工班由具有多年古蹟修復經驗的大木作匠師林焜煌帶領，同樣有匠師身分的師母葉淑珍輔佐，第三期起則由曾代表台灣參加國際技能競賽的木工國手梁智修擔任講師。每一屆木工班都以會社辦公室旁兩棟廢棄的永豐餘舊宿舍為成果驗證，直接進行一部份的修復。除了永豐餘舊宿舍，會社的進階木工班也製作雨遮安裝在後巷的門窗上，並且整修後院的木構造廁所。

由於目標是建築修復，會社堅持木工班要學的是

表4.1｜木工班與進階班課程

木工一班（門面框架）	2013.9.28–11.23
進階班：會社梁柱補強	2013.12.20–12.23
木工二班（門面框架）	2014.2.8–3.15
進階班：雨遮	2014.6.14–6.22
木工三班（窗框）	2014.6.28–8.10
進階班：編泥牆	2014.7.12–8.2
木工四班（窗扇）	2014.10.3–11.2
進階班：氣窗	2014.12.13–12.28
進階班：無雙窗	2015.1.10–1.25
木工五班（木門）	2015.3.7–5.3
進階班：廁所	2015.5.16–6.7
進階班：「河川」建築修復	2015.6–2016.2

大木作，藉此傳承大木作的技術與建築知識。無論前兩班在捷興二街施作，或是後三班為了不讓敲打聲打擾居民而將大部分課程移到橋頭糖廠，[6]在木建築裡學習木工技術的好處是隨處可以找到實例參考跟解說。學員從認識四週的建築物開始，學習認識木料、磨刀、使用手工具、打線樣、製作數種基礎榫接。

從第二班開始，會社增加「城市考古」課程，目的是將木工技術與都市保存理念結合。帶領城市考古課程的黃朝煌認為，建築保存不應只是懷舊情懷，而必須以調查為本，才能決定是否保存、如何保存，也才能說服更多人。他以自己從素人開始進行調查的經驗出發設計課程，結合地圖、資訊科技與現場探查，教導學員深入瞭解建築物。學員從Google Map空照圖開始尋找具有老建築特徵的建物，選定有興趣的建築物，再配合電傳資訊系統、百年地圖、地籍資料與實地訪查等，調查建物的歷史與建築細節。

雖然城市考古的設計是從網路資源開始調查，但實際操作時，也有不少學員騎腳踏車或機車到處逛，尋找有興趣的建築物。無論怎麼開始，黃朝煌說，重要的是學員能夠「走去找他們要的東西」，並且學會調查技巧，未來可以持續運用。他將城市考古形容為「冒險」，希望學員走出去，在自己周遭尋找並且仔細觀看城市裡的建築。

城市考古的調查希望累積對高雄建築和都市空間變革的瞭解，也培養學員辨識

5 包括與環保局合作進行廢木料銀行，以及與勞工局合作開設木工班。但一方面廢木料回收牽涉各種人力、運送與存放的問題，二方面勞工局著重於職業訓練，因此這些合作方向都無法實行。最後會社與文化局共同向文化部《區域型文化資產環境保存及活化計劃》提出木工班的規劃，獲得經費支持。

6 地點為高雄大學在橋頭糖廠認養的興糖十五巷舊倉庫。

建築的眼光與對周遭環境的關心。木工的訓練則讓學員瞭解建築背後的知識，並且學習相關技術。無論是初學者拿起鑿刀槌子修復房子，或是沒有學術背景的素人進行建築調查，木工班強調的都是民間的力量。曾瑜芬表示，正式列入文化資產的建築依然必須由公部門透過專業規劃來修復，但一般老房子其實可以藉由民間進行維護。她認為，這樣的力量比起公部門更能深入各個區域，也能更長期的投入。

手作城市

——我們沒有在打分數的。（林焜煌，木工班講師）

雖然多數學員是高雄居民，但每一屆都有遠道而來的參與者。來上木工班的人各有不同的原因，有人純粹想學一門技術，有人對建築調查有興趣，有人面臨畢業或轉職想尋找方向，有人看了會社的臉書後想認識裡面的人，有人想挑戰自己，有人以為是來做桌子椅子的，有人只是路過發現好奇而參加。[7]

回顧學習過程，學員除了一致強調工具的重要之外，也不約而同的說，做木工不能急。學習要慢慢來是林焜煌師傅強調的態度，每個步驟都要熟練才能進行下一步。學員各有所長，或許有些人比較快，有些人比較慢，沒有一模一樣的進度，也不能急著趕進度。學會磨刀才能開始用鑿刀、學會描線才能開始鑿榫接，人、工具、木頭之間的關係只能一刀一刀體會，才知道刀要磨多利，木料要如何處理，甚至如何隨天候調整下刀方式。人與工具的連結，讓學員周仔覺得舊的木建築特別具有溫度，也更能感受到「房子後面的人」。

即使做同樣的榫接，學員也在熟悉工具的過程中，發展出各自順手的方式。木料上的標示各有風格，不用寫名字就知道是誰的；同樣鑿切，有人仔細修整，有人則大而化之。這樣的差異性其實是傳統木作的縮影，因為每個師傅都有自己施作的方式，各有各的「手路」（tshiú-lōo，手法）。林焜煌說，進行建築修復時，必須推測前人的手路，也許是透過同一棟建築的現存遺留進行仿作，也許是研究同一個匠師的其他作品。手路的差別，使得建築修復不只是把一棟建築的圖複製到另一棟建築就行。然而，「師傅人有師傅癖」的差異性遇上講求標準化的現代工程與規範，難免就出現磨合與溝通的困境。

從木料的練習進展到實際修復時，學員則理解到「修復其實是很深刻的東西」，比蓋一棟新建築還難。阿益解釋道，新建築可以自由選擇怎麼做，但修復一定要考慮前人的工法、做出來的東西要符合原建築的尺寸和建材特性，考量的環節遠多過新建築。因此，從學習做榫接一直到初步修復，都是不斷訓練身體與持續思考的過程。

不只做木工要耐心，學員也認為，在地圖上一格格像找尋寶藏線索般看空照圖，或者是慢下來一個街廓一個街廓找有趣的建築，也同樣需要耐心。強迫自己脫離平常的快速與走馬看花，不是「目的性地從這裡到那裡移動」，也等於強迫自己從既有的節奏脫離，讓居民與非居民的學員都覺得重新「看到」高雄。

木工班讓一些原本不認識哈瑪星的學員開始熟悉哈瑪星，另一方面，因為新濱多

7 木工班每屆人數不一，多在十五人上下。

為民居，很多人就算來到哈瑪星也不會走進街廓裡，因此，木工班也讓他們「發現」新濱。午餐時間，學員常常邊散步邊討論四周的房子，這樣的觀察不在課程範圍內，但學員往往可以藉此交換對建築美感和都市開發的想法，反思哈瑪星在觀光發展下遭遇的壓力。阿誠說，他喜歡哈瑪星是因為「這裡的生意不是只是做給遊客的，是居民會來買東西吃東西的地方」。雅琴則覺得，她不喜歡被高樓環繞，而喜歡哈瑪星的透天厝。在他們的想法裡，哈瑪星魅力在於此處的多元建築風貌與生活韻律，讓它不是

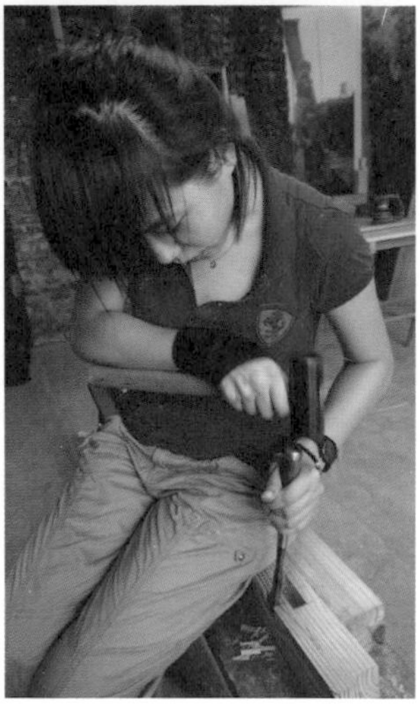

4.3
4.4 | 4.5

圖4.3 第二屆成果發表。（許瀞文／攝）

圖4.4 匠師與民眾共同完成的日式編竹夾泥牆。（侯志仁／攝）

圖4.6 榫接製作。（許瀞文／攝）

一個純粹為觀光而存在的地方。

透過欣賞哈瑪星的多樣建築，學員也產生對都市房子「越蓋越像、越蓋越快」的質疑，但最後總無奈於都市人似乎已經沒有其他選擇，年輕的學員更對自己有沒有能力買房子感到憂心。「拆老房子是為了炒地皮，不是因為房子不適合住了」一位學員作如是想。對他而言，思考如何延長老建築的壽命並不只是懷舊，而是對開發與飆升的房地產會如何影響都市未來的批判。

相較於當代建築，學員多認為木建築的可貴在於它需要時間打造。與建築有越多的手工接觸，越能體認一棟房子後面有多少雙手與多少經驗技術的傳承。學習大木作讓他們察覺技術的美感，理解到「蓋一間房子要很久，但拆掉只是一下子的事」。明明說，如果房子不是速成品，會「讓你更慎重地去看你為什麼要蓋這個房子」。小徐也認為，一旦理解匠師養成要花多少時間、用榫接蓋的木建築需要多精密計算，就會在拆除前先想想是否有其他的可能性。

從榫接延伸到房子、房子延伸到街區、街區延伸到都市，尺度的跨越提供思考的不同角度，讓參與者具體體會各種力量如何以不同的速度形塑都市風貌。對比哈瑪星水岸開發的快速，木工與建築本身累積的時間感覺更是漫長。對此，藍傑鴻不只一次表示，城市「是一個很漫長的過程」，不一定要立即的成果，面對未來反而應該「讓城市慢下來」。然而，當開發不斷逼近時，哈瑪星、老建築、傳統木工如何面對變遷卻是個慢不下來的迫切問題。

大聲公

——我要養一批兵。（梁智修，木工班講師）

學徒出身的林焜煌師傅說，即使在他學藝的年代，投入工作機會多而穩定的家具裝潢「細木作」的人就已經不多，更遑論難度高機會少的大木作。教授木工班對他而言是推廣技術的機會，也讓他調整如何把技術傳授給一般人，但他坦言，要做到更專業的修復，就必須進工地磨練。除了年輕人不願意當學徒，缺乏場域磨練，也是技術傳承的困境。

傳統知識所傳承的不只是「知識」本身，還有「傳承」的方法。當傳承的方式、場域、語言、脈絡消失之際，知識也往往跟著消失。木工班學習現場經常面臨語言的困境，因為建築與工具的字彙不再是生活的一部分而被遺忘，台灣多重的殖民歷程也讓許多名稱被大幅簡化。除了不知道怎麼稱呼東西，更重要的是，學員（甚至專業領域學者）極少懂台文，雖然聽得懂閩南語，卻不知道相應的文字，而自創中文做紀錄，原本有意義的名稱也因此變得沒有邏輯。此外，老匠師傳下來的名稱經常是閩南語化的日語，與現代台灣人的距離更遠。木工班講師梁智修就表示，整理榫接和建築名稱時，必須在各種語言間轉換，耗盡心思才能對照出適當用字。

對於在學校教育底下成長的學員，這種「師傅領進門、修行在個人」的傳承方式有時難以領會，因為學校教學有清楚範圍和進度，可以預期會有什麼考驗、要怎麼回答，但學藝過程必須遇到考驗才知道答案，而且往往沒有標準答案。如何讓建築木工學習更系統性、符合一般人的學習習慣，把「匠師腦袋裡的東西」和個人經驗變成容易表達的理論，從而縮短學藝年限，是梁智修努力的方向。他認為，自己從年紀到學習經驗都處在不同世代間，而希望成為傳統技術與現代建築知識之間的橋樑，也橋接學徒與技職兩種訓練系統。木工班對他而言也像個實驗，想試試看在施作現場進行教學，融合傳統的邊看邊學以及系統性的榫接與建築知識[8]，讓從木工班出來的學員不只能做木作，更懂得表達推廣木工和建築知識。

在第二班的結業式上，會社總幹事謝一麟以「大聲公」來形容木工班。他說，木工班就像當初抗爭時的大聲公一樣，把聲音發出來，就能讓聽見聲音的人產生連結。梁智修認為，木工班的效益在於學員結束課程後繼續做什麼，以及透過動員更多人做修復，引發社區的參與，來讓社區活絡起來。學員阿益也覺得，木工班也是在培養「跟自己志同道合的人」，在結業之後，「如果會社有需要，或是哪裡有需要，就能來幫忙。」

參與木工班的學員在新濱留下自己勞動的成果，也透過這些成果跟新濱產生連結。結業後，有些學員不時會回去看看「自己」的門窗或雨遮，在意他們參與修復的房子未來會如何。假日木工讓他們體驗到工地不只有技術門檻，還有克服環境的門檻，學員小穎便形容「保存修復是流血流汗被蚊子叮」。但，也因為親身體驗過，使得幾位學員下定決心，在完成木工班課程後，各自尋找機會繼續學藝。除了投入保存修復，也有人成為會社工作人員，或持續參與會社的活動。新的人際網絡讓一些學員接觸到不曾接觸的環境或社會議題，也從而認識其他非政府組織團體。

8 就讀高雄大學創意設計與建築學系的梁智修也將木工班的操作寫進碩士論文《由橋頭糖廠日式木作工作坊經驗談歷史性閒置空間之活化與保存》。

在木工班向外延伸連結之際，新濱老化的人口卻也提高社區共同參與的難度。讓更多年輕人在這裡找到想做的事情是郭晏緹的理想。她期望「讓議題進來，讓年輕人進來」，不做「樣板」的文創商業區，不只看短期成果，而讓保存成為一種長期的社區營造。把老房子修復起來，讓修復成為建築教育，之後也許可以引進更多不同性質的非政府組織，也許可以配對年輕人和老人家共居，也許可以發展老年照護，也許可以做社會住宅，也許可以導入生態和環保議題。然而，在哈瑪星老建築能見度變高之時，市政府也開始加強「文化」開發的力度與速度，援引中央資源補助私人以活化老屋，使得哈瑪星裡老屋咖啡店與文創商業萌發。這樣的老屋活化讓街區越來越商業化，修復越多房子就越少有人居住，從住商混合慢慢朝向商業區「軟性都更」的可能性讓郭晏緹感到憂慮。

一 哈瑪星進行式

——這個地方大家就是動手⋯⋯你覺得缺什麼你就去做什麼，你就撿起來做就好。（黃朝煌，木工班講師）

以老建築做為傳承木作技術與保存理念的場域，打狗文史

圖4.6
2015年：依舊在修復中的老屋。（侯志仁／攝）

再興會社的木工班企圖串連新的動能，超越郭晏緹口中「看到房子只想開店」的思維，延長老屋壽命並擴大使用的方式。藉由學習木作技術、體驗修復工作、操作城市考古，會社將日治時期的民居街屋等非公共、非地標建築，轉化為都市居民的共同資產，企圖將保存運動擴展為公民運動，重新詮釋高雄的歷史與未來，並在非正規的修復中展現建築保存與打造城市的可能性。此種由日常、微小之處尋找共同行動之趨向，一方面反映了台灣近年興起的老屋保存在地社區運動，一方面也與桑德（Jordan Sand／二〇一三）所言在地（vernacular）與日常生活美學成為新「公共」行動爭奪場域的觀察遙相呼應。

民間串連的同時，哈瑪星的未來仍然需要公部門整體考量。曾瑜芬認為，要讓它不被開發吞沒，又能保有街區與建築特色，必須從都市計畫根本做起，紓解開發壓力。哈瑪星還能怎麼做？郭晏緹希望它成為年輕人做事的場域，在此「做」各種都市議題。曾瑜芬希望降低開發度，打造適合居住的歷史城區。在他們的想法中，老建築不只是美學價值，還有教育價值、居住價值、環保價值、連結社會網絡平台的價值等等，而非凝結在博物館裡的建築「文化」，或是等待文創產業進駐的空殼。

參考資料

打狗文史再興會社（2015）。《新濱老街木工班——一場關於文化及城市的再興運動》。高雄：打狗文史再興會社出版。

高雄市政府文化局（2017）。〈文化公車路線介紹：哈瑪星線〉。網路資源，http://culturalbus.khcc.gov.tw/home03.aspx?ID=$2001&IDK=2&EXEC=L（二〇一七年十二月二十七日。）

Sand, Jordan (2013) *Tokyo Vernacular: Common Spaces, Local Histories, Found Objects*. Berkeley: University of California.

5

〔老屋新生〕誘發城市創生的老屋多元活力

曾憲嫻——文

教戰守則

- 老屋像老人一樣，需要耐心和細心的照顧。
- 和老屋共處，加上善用老屋的文化特質，會讓人感受到溫度。
- 老屋可以成為社區活化的據點、城市再生的觸媒。

BRINGING OUT URBAN VITALITY IN THE OLD BUILDINGS OF TAINAN

台南古都建城將近三百年，有著豐富的老屋資源、傳統產業和常民文化，有別於一般城市所遇到的城市再生議題，台南市獨創了歷史街區的法源、獎勵辦法；我們很高興看到這樣的政策支持，但也同時在思考如何用行動計畫、在地社群力量，形成由下而上的操作機制。我們從老屋再生輔導的過程，發現有許多來自各個領域的社群，因為台南的歷史、文化與環境，願意投入歷史街區內生產與生活，大家對於街區內的文史、環境、生產等皆有其各自關注的面向，且具有各自的號召力。

老屋活化最感動人之處是在於結合生活的獨有創意，由每個人的故事加上每間老屋的歷史，產生交織、融合。這種老屋活化呈現的多元性，反映了十足的城市張力。我們從輔導點狀的老屋活化，開始誘發老屋間的串連，形成網絡，並趁著都市計畫通盤檢討的契機，檢討並建議都市計畫道路的廢除，以維持城市歷史紋理。透過相關社群活動，進而建立支持台南歷史街區發展的網絡，持續思考如何擴大社群的在地影響力，一起找到文化永續、在地經營的模式。

一　緣起：關注老屋活化和城市發展

台南城市之所以充滿活力，是因為有豐富多元的文化為基底，加上各式各樣存在於街巷的文化資源，只要文化資源還存在，就有街坊鄰居可以描述她們的故事，十多年前筆者來台南時就被當時研究的第一條街道——總爺老街（現崇安街）所吸引，投入了近三年研究其街道紋理、建築型態和廟宇故事，也將這條老街暨周邊街區的形貌進行數位化典藏。

然而，在調查此處時發現老屋的閒置率高，閒置有諸多的原因，如屋主居住異地不處理、產權複雜等。以總爺老街而言，以清朝時期留存的老屋為主，由於整體架構是以木構架為主，閒置後常會造成屋架損毀等問題，再利用所需修復的經費往往較高，而造成陸續拆除。老屋拆除後，街景日益改變，歷史記憶一點一滴被磨掉，讓筆者覺得應該有個機制，讓多數人看到老屋的價值，只要有人進駐活化再利用，就能延長老屋的壽命。

筆者相信老屋乘載著歷史記憶，城市若能關注點點散置的老屋，在兼顧保存與再生的動態發展下，這個城市將會更有深度、更具韻味。

老屋加上街道紋理的氛圍營造

二〇一三年是個重要的契機，縣市合併後，市政府將「文化首都」列為施政主軸，回應了NPO團體提出文化首都應有文化治理的策略，而當時民間力量已運作到相當的程度，累積了老屋活化的動能。市府根據《台南市歷史街區振興自治條例》，訂定了相關老屋修復暨經營之補助辦法，為了推動公共性，優先補助包括歷史老屋的立面及景觀有助於形塑延續街區風貌者、提供公眾使用且未設置其他封閉設施者、申請人自籌款達執行經費的百分之七十以上者、公有老屋由民間辦理整修或經營者，以及鼓勵申請建築執照、結合三年內歷史街區內改造工程街廓的策略。接著，擬定了鹽水與府城的歷史街區振興計畫，針對都市計畫道路和歷史紋理做評估。學界、業界參與討論並進行都市計畫道路的檢討和廢止，檢視指定建築線問題等等，在不影響居民權益下進行了都市計畫道路的廢止；過程中並針對其中三條重要歷史巷道，包括神農街、總爺老街、信義街作紋理保留，擬定較能維護歷史風貌的都市設計規範，讓這三條歷史街道的街屋特質、老街氛圍持續被保留下來。廢止了計畫道路，亦免除了兩旁老屋被拆除的危機。

相對地，日治時期市區改正和戰後五〇、六〇年代的街屋，多因與商業結合仍保持完好，年輕族群承租所需整理的經費較能控制，筆者早期所看到陸續被再利用的對象以此類型建築物居多。然而也有部分老屋經營者觀察到歷史巷弄的特色氛圍而進駐、活化老屋，透過老屋的保存和紋理的維護，配合在地產業的存續，形塑出特色的街區空間氛圍；而這樣的意識在台南漸漸發酵，也帶動許多喜歡巷弄氛圍的年輕人進駐，讓人口結構趨於老化的街道，呈現多元的活力氣象。

一　老屋活化的各種樣貌

二〇一三年開始，筆者受市府委託執行歷史街區振興與補助計畫，輔導與陪伴了許多老屋的獎勵整修與活化經營。從硬體面開始，於老屋修繕計畫提出時提醒原來

左｜圖5.1　響響的一樓展演空間。

上｜圖5.2　Voyage弦樂四重奏演出。（照片提供／響響）

的老屋形式特徵，整修時如何把握老屋特色元素、區位和街道關係；到軟體面討論如何經營，進一步協助經營者掌握相關資源等，並嘗試協助大家建立社群網絡，以將未使用到的建材和知識共享。至今筆者的團隊已協助了八十餘間老屋整修和經營。

我們發現多數台南在地的這些老屋創業者喜歡從街區生活中拾取創作的靈感，我們將這些老屋經營者分為具創新理念的創作家、共享經濟的實踐者、社區好夥伴等等。由於歷史老屋補助不受限於《文化資產保存法》，反而能在保存歷史語彙元素之外，有許多有創意性的嘗試。年輕的經營者進入老屋，其整修也反映了年輕世代的經歷和生活態度。

生活即是藝術，空間就是畫布

信義街上「兩倆」和「響響」的經營者李威萱與徐婉婷，一位是藝術創作者、一位是鋼琴演奏家，兩位學習藝術的年輕夫婦，在台南求學時就深深被台南濃厚的歷史文化氛圍所吸引。兩人決定在台南創業，首先在鄰近兌悅門的信義街上開設了「兩倆」複合式咖啡藝廊。隨後，隔壁的連棟透天老屋正巧要出租，婉婷希望除了提供展覽空間以外，還能有音樂空間，因此將隔壁租下做為音樂展演空間，取名為「響響」。希望藉由平易近人的藝術空間，讓藝術不再有很高的進入門檻，在地的居民很容易就可以接觸藝術。

「響響」的一樓是作為音樂展演空間使用，內部考量音樂演奏及觀賞空間的大小，拆除了原有的前側隔間牆，舊有的廚房空間則更改為演奏的後台空間。此外，考量演奏時可能的回音問題，牆面以木頭肌理的環保密集板材達到吸音效果並同時呼應外觀，而地板則以地毯鋪設降低聲音的反射（圖5.1）。

「響響」每年舉辦超過十場音樂會與藝文講座，其中包含售票與非售票節目。由於老屋位在巷弄間、場地較小，演出者與觀者之間反而能更加親近，演出者不似傳統音樂演奏充滿距離感，反而會針對觀眾有進一步的解說與導聆，提供了與一般音樂廳不同的聆賞經驗（圖5.2）。由於台南街區活動多是廟會，信義街亦如此，夫妻倆進駐後帶動了新的音樂活動類型，讓在地小朋友亦受到藝術的耳濡目染，穿梭在這個空間中瞭解音樂藝術。

用空間支援年輕收藏家、協助年輕藝術家

新美街的么八二空間位於俗稱「米街」的中西區新美街北段（民族路與成功路之間），來自台北的陳正杰在二〇一三年中租下這棟老屋，做為常態性的當代藝術展售空間，並附設酒吧，還不定期舉辦電影播放、劇團或音樂演出，讓空間中的交流非常多元，不論是喜愛藝術、活動或喝酒的朋友都能在此互相激盪，四年下來已小有名氣。

承租時，一八二號與一七四號兩棟背對背的老屋已經打通、空間非常狹長，因此正杰聽取設計師的建議，將一七四號的庭園當作後院，臨米街的一八二號做為主要出入口，拆除突出的雨遮、內縮大門並以黑色鋁框與大片玻璃重新打造，在街面與大門之間產生一個可供停留的空間（圖5.3），讓行經的民眾能夠在此瞭解展覽資訊，再進一步決定是否入內欣賞作品。

正杰認為不習慣在藝術空間欣賞作品的朋友，對於進入此類空間會有壓力，因此除了大門內縮停留空間外，還在服務台與大門之間做了一個層櫃，可以放置文宣、張貼當期展覽資訊外，還能使停留的朋友能夠不直接接觸服務人員的視線，輕鬆地進入參觀。正杰期待利用空間的轉換，讓參觀者也能心情轉換，吸引更多人習慣進入藝術空間。

做為酒吧的後棟一樓與展覽空間的風格迥異，雖然老屋磚牆的整修方式類似，但漆成全黃色，搭配塗鴉工作者「黑雞」充滿戲謔風格的畫作，和棕色的吧檯與座椅等

上｜圖5.3
么八二內縮大門與停留空間。

下｜圖5.4
么八二後棟酒吧與牆面塗鴉。

傢俱（圖5.4），在昏暗的黃色燈光下，身處其中即感受到慵懶，再來一杯德國釀酒師的手工釀啤酒，讓不管是藝術家、欣賞者，或參與其它活動的朋友都能放鬆地聊天、盡情分享。酒吧外則又是一次空間的轉換，原本是一七四號的前院在整修前佈滿碎石、相當雜亂，重新種植草皮與植栽、擺置桌椅後，也變成一個可以戶外演出、藝術創作的空間。

空間開幕以來，透過展覽和其他活動與台南各藝術空間串連，讓許多藝術家、策展人、藝評人與收藏家來到台南聚集、交流，並體驗台南歷史與巷弄文化。除了定期展覽，陸續還與不同單位合作、利用不同媒介舉辦各項活動，例如「南方影展」、「星期五電影院—182X想映」、「台南新藝獎」等等，甚至與傳統糊紙技藝匠師合作，舉辦「自己的紙僕自己做」手作坊。另外也與「兩倆」經營者李威萱合作，募資、編撰「台南藝志」月刊，協助宣傳台南各類展覽或活動。正杰過去接觸許多非常有潛力的藝術家，但他們沒有名氣與機會，無法表現而放棄夢想，因此當時即暗自期許能夠幫助他們，么八二的存在，一方面是為了幫助更多年輕藝術家，另一方面則是培養收藏家，讓藝術進到台南的生活，與台南的歷史互相輝映、碰撞，並且一起成長。

透過資源回收、交流，傳遞在地溫度

「穆俬家具」的經營者賴慶融，原本學產品設計，在消費性電子產業服務，由於工作過程中觀察到消費性電子產品的製造流程相當不環保，種種的資源消耗與浪費讓慶融在工作中漸漸產生掙扎，在幾番思量後開始計畫退出原本的工作。一次，在偶然的機會下參觀了文創展，展場中發現了老物件改造的展示櫃，當下「老物件改造」便在慶融心中種下種子，於是他便開始尋找一間可以增添老物件風味的老屋。

經過一番努力後，最後是透過網路租屋平台找到位在台南市北區自強街，這戶有庭院的一層樓老房子，雖然並非位在理想中的中西區，但是由於房子一直有在使用，屋況甚佳，不必花太多費用修繕，於是穆佩家具便成為第一間落腳在自強街的老屋店家。這棟已超過百年的清代老屋，屋體本身中央木結構早已無法承受屋頂重量，因此在慶融進駐之前，屋主已將屋體中央結構利用鋼構輔助支撐，並將原本的屋瓦換為鐵皮屋頂以減輕屋身重量的負荷；其次，原本作為牆面的木板，在飽經風霜後已有部分腐爛，因此利用新的木條或木板做了局部的填縫或置換。在建築空間的配置上，建築本體占地約三十二坪，屋體前方留設了約二十七坪的前庭空間，這在今日台南市中心裡已相當少見了。

慶融在進駐之後，利用自己的木工技巧自行裝修老屋。在建築本體方面，由於結構上沒有太大的問題，因此主要只有進行油漆工程及簡單的室內裝潢工程，外牆部分為了彰顯空間性格將木製外牆漆上黑色，簡單磨除原有木門上的油漆，還原木材質感；室內除了牆面的油漆工程，另外在前半部則自行釘製了吧檯及牆面上的展示牆，作為餐飲及展示空間，而後半部則主要作為老物件改造的工作空間。

然而，屋外的前庭空間才是讓慶融花了最多時間整理的部分，原本的前庭為了便宜行事，在既有的土方上隨意地鋪設了混凝土，但由於地面並未經過夯實也沒有鋪設碎石級配，使得混凝土結構相當脆弱，輕輕一踏便會碎裂。為了還原老屋環境應有的風貌特色，慶融先是清除了混凝土，再將原本摻有許多廢料的土壤過濾乾淨，運來老磚廠的紅磚鋪設庭園步道，再花了三個月的時間養護草皮，終於努力沒有白費，現在綠意盎然的前庭空間，著實讓老屋散有著溫暖的氛圍（圖5.5）。

在經營的初期，穆佩家具兼賣咖啡等。慶融不諱言的說，其實販賣餐飲對他而言是吸引顧客、人潮來店的必要手段，身為自強街第一間進駐的店家，在自強街的商業人潮尚未發展的情況下，而自己所從事的又是較具有特定目的性的老物件、老家具改造，知名度實在難以打開，至少先讓人潮進來，才有機會讓更多人認識，也才有宣傳自己理念的機會。

另一方面，穆佩家具最初的經營想法中，本就希望老屋空間可以免費提供作為展覽空間，在調整營業回歸物件改造之後，老屋可以提供的空間及時間便更加擴大，未來預計提供屋內外的空間不只作為靜態展示，更可以提供作為動態展演使用，並回歸老物件改造的初衷。穆佩家具每年都會藉由甄選免費幫民眾改造老物件、舊家具，希望透過轉化讓老東西活出新生命，也希望藉由這樣默默地在自強街耕耘，讓冷清的老街再次被照耀，傳遞出在地的溫度。

美好事物的集結，共好

這棟老屋位於府城小南門舊城垣附近，因而被命名為「小南園子」，園子意味著這是一個分享、交流的地方；老屋位於寧靜的巷弄內，藉由細心地整修與經營，漸漸成為一個凝聚美好事物的空間據點。土地和建物的所有者本為永豐餘的後代，遇到有緣分的劉瀅清接手，開始被賦予新的生命和註解，她以保存老建築、珍愛資源的角度，提供美好事物的交流與分享，落實以善美為本的實踐，開始在這個空間開啟各種活動和可能性（圖 5.6）。

劉瀅清提到為了所存在的土地與生活環境，她有一個信仰，即營造一個降低環境負荷的居所，她認為人的生活不需太過快速便利，心靈需要有足夠的安適。以「少即是多，慢即是快」為方向，用最少的資源在製造，用最慢的節奏在調整。瀅清很重視老屋整體的線條呈現，曾有設計師建議窗戶改為落地窗，但如此便會破壞原來老屋屋頂、窗和牆的比例線條。另為了支撐八公尺長的樑，亦有設計師建議使用H型鋼，但是也因質感氛圍不對，瀅清還是決定使用傳統工法及材料，請大木作施工以木柱作支撐。

此外在老屋的細微部分，如質樸的顏色和質感也是重要的要素，磚瓦土水師傅一直習慣將砌好完工的磚塗上沙拉油來形成高級感，但如此就會改變老屋老牆質樸的磚質感，只好婉轉地請求土水師傅稍微改變工作習慣。一方面她在細微處堅持砌磚的平整、交疊的尺寸等，用工匠的精神來仔細處理老屋構築的細節，另一方面又顯現了設計的意象，為新需求的磚牆形式做了穿透的設計，讓空間的線條呼應現代的使用，開闊又流暢。

除了有上述專業的師傅協助修復屋頂構造，專業工項尚包括木作門窗修復、外牆重砌、水電重拉、化糞池新做等。她

圖 5.5
穆俬家具的入口意象。

自己也親身涉入工程，練習操作敲除部分磚牆與整理，並戴起粗厚手套剔除磚上面的水泥，總共親手回收了一一六八個老磚（而數字「一六八」也有「一路發」的意味在內）。隔間的磚牆拆除後，風可以流通，也可以感受到陽光的變化，從每個角度都可以看到戶外的植物，開闊的空間更適合交流與分享。

為了恢復窗框檜木的古樸美麗，他們費工地一層層去漆溶解清洗，恢復檜木原有的顏色色澤。透過質樸的檜木窗框可以看到庭院，前後庭園整理後，使用數種台灣原生種植物，包括雷公根、原生薄荷、倒地蜈蚣、野莓等，讓昆蟲有棲息的空間，形成非常生態的自然環境。

小南園子秉持保存建築、活化應用、轉化空間的原則，落實更多建築空間應用及分享活動，提供國內外藝術家駐點展覽與交流使用。瀅清認為在空間移轉的過程中，人不是永遠都是空間的主體，環境是否可以與其它動植物分享，和諧環境也是一件重要的事。修復老房子之餘，也修復我們與人、環境、自己的關係。

老屋的樣態和群聚效益

實質地理上的老屋群聚，重視原街道屬性與新舊關係的持

圖5.6
修復整理後的小南園子。

續動態性是重要的，如么八二等老屋較群聚的新美街。新美街街道的基調始終保持生活感，在經歷先前人口外移、空屋增多的蕭條時期後，陸續進駐新美街的店家都像現在一樣，屬於比較低調、樸質的各行各業小店，與長久於此的傳統店鋪，形成共同的生活圈，讓新美街既有生活感，也有別以往的新活力。

另一個老屋群聚的銀同里，老人比例高，近年來透過里長、社區營造工作者的帶動，老人開始關心與參與社區事務，惟年輕人仍難以挺身出來一起協力。在老屋的獎勵補助下，一些年輕人成立創意工作室、以社區據點做為觸媒，形成青銀共創的氛圍。老屋經營者如「白做研究所」（圖5.7）的小沃，希望在日常生活中融入一些設計、一些美學、一些想法、一些態度，帶點實驗性，不管想販賣什麼、想辦什麼活動從來都不設限，對於手做很有興趣的小沃，接續租下老屋對面十七號的活動空間之後，便籌辦了許多活動；而沒有舉辦活動的期間，則將空間提供給學弟妹或創作者作為展覽空間使用。而年輕人和老人透過市集等活動，建立共創的機制。

銀同里的清水寺街街道透過鋪面改造先行，加上社區營造的努力，又有更多的年輕人進來活化老屋，積極參與社區形成共創，加上原本熱心活躍的小半樓等老屋經營者，形成有特色的歷史街區景觀氛圍（圖5.8）；而此處計畫道路存廢一直被討論，直至近期整體的氛圍下，確定廢止計畫道路，維持清水寺街的紋理。這樣的街區經營正持續動態的延續下去，老屋的經營者定期會聚在一塊共同構思，訊息分享、文化創意地圖的想法也陸續出來。

如同信義街陸續因為「兩倆」、「響響」等老屋改造（二〇一七年「兩倆」進駐的老屋被屋主收回，「響響」承繼著兩人的理想繼續經營），加上其中所形成的活動，沉寂一陣子的老街好像又再被大家所關心。社區常受限於既有地緣的資源體系，但老屋社群則沒有受到地緣的限制，彼此間透過網絡產生更開闊的影響力，例如響響和么八二合作《藝誌》，推廣各類藝術資訊。綜言之，老屋的群體性價值根基於其所形成的街區，配合著共同營造的特色氛圍共創，再加上跳脫地理環境的網絡關係推廣，才能長久經營下去。

小結：老屋的經營和城市影響力

城市文化的形成，和長久生活的步調、態度有關，誠如葉石濤的名言：「台南是一個適合人們作夢、幹活、戀愛、結婚、悠然過活的地方。」台南的歷史底蘊深厚，老屋的整修和經營者的多元嘗試，轉化、串聯形成文化資源，使台南成為名符其實的文化都市。

老屋再生所形成的文化資源，本質上對居住實質環境改善是有助益的，然而從不動產實價登錄的統計資料，筆者發現部分地區有連帶地價上漲的現象，租金也隨之增加，這樣突然地價和租金的上漲現象，使原本嚮往在城市中生活工作的年輕人，原本的機會反而變成了挑戰，因此思考防止部分人在炒作是重要的議題。筆者發現有些外來者，收購老屋，拉抬地價，促使地主利用市場效益開始抬高價格，因此在筆者團隊輔導的老屋機制中，謹慎排除外來的投資客進入老屋市場影響環境、物價、地價，希望能回歸到正常活化以支援年輕族群的老屋市場機制。

最終讓我們回到老屋再生的核心價值。老屋再生成功最重要的還是能夠有持續的人和活動，如同內文所述，配合著老屋特色和生活的價值觀，有溫度的經營才能使老屋和街道的生命繼續延續下去。筆者期望未來老屋的經營者能持續扮演更多影響效益，接續能以關心的點狀場域為核心，從點、線，擴及到面域（歷史街區的共創），這是筆者輔導老屋新生的展望，希望誘導形成新趨勢。

圖5.7
白做研究所。

圖5.8
計畫道路廢除，維持巷弄紋理的銀同里清水寺街和白做研究所（最右側）。

6

〔跨越疆界〕Open Green 打開綠生活

連振佑、施佩吟——文

教戰守則

- 迂迴而思、繞道而行。
- 轉念而語、擇人而合。
- 視群而交、撿機行事。

OPEN GREEN: PLACEMAKING FOR GREEN LIVING

二〇一〇年前後，台北市公共空間的生產有了新的契機，社區規劃者重新看見社會網絡裡立場、理念、旨趣或歸屬感均有所不同的群與眾；除了法定開放空間、綠地的範疇，私有地或公私交界處也開始走入人們的視野，成為城市裡，可加以改造的「共同空間」。Open Green打開綠生活計畫，就是這個背景下的產物也是催化者。自二〇一四年起向全市推動至二〇一八年，全台北市已有超過六十一處Open Green社區空間改造案例[1]，具體展現了「打開僵固使用」、「創造小系統循環基礎」、「破除社群邊界」與「建立跨域規劃設計實踐」等四個面向。

本章向讀者介紹近十年一路走來的歷程，以具體的案例，描繪台北如何從過往的空間生產慣性邁向現今這個階段，從羅斯福路邀請NGO參與討論開始，回顧「一葉台北」八個社群共創一處基地的經驗，指出社群如何共同創造綠生活圈、綠生活節，以及最後「Open Green打開綠生活」計畫的誕生與遍地開花。

從這些經驗中我們看到：未來城市的新公共空間必須能反映背後的社群網絡關係，使所有願意介入規劃設計的社群們，可以透過權力流轉與累積，陸續為社會孵化出下一階段充滿生命力的空間；他們在過程中加進不同的內涵，並且透過行動氛圍醞釀、埋下能孵育社群網絡的種籽，使得每個微小的社區空間都能發揮以人聚群、以場域培力社區社群的「社會修補」力量。

1 歷年Open Green改造地圖連結，可見：https://goo.gl/IuGC3c；一〇四－一〇六年度改造過程記錄，可參考台北社區空間養成誌：https://issuu.com/taipeiopengreen；一〇七年度：https://issuu.com/taipeiopengreen2017。

起點：社群走入社區的萌芽與瓶頸

一九九五年，台北市政府面對自八〇年代以來蓬勃發展的民間社會力量，以及環境、古蹟文化、有歷史的聚落等倡議保存的抗爭事件層出不窮，搭著第一次政黨輪替的契機，時任台北市長的陳水扁提出「市民主義」，首次在政府體制內開放由下而上的社區參與提案模式，推動「地區環境改造計畫」。改造主題包括：街景美化、公園改造、交通改善、學童通學步道、生態步道、藝術街坊、節點環境美化、招牌整治等。而後一九九九年推出社區規劃師制度鼓勵專業者走入社區，逐步拓展使一般民眾也可以參加培訓、二〇〇〇年推出「地區發展計畫」，嘗試突破過往以單點空間為主的營造模式，導入地區環境掃描、問題診斷、願景發展等社區規劃模式。機制設計雖立意良好，可惜之後陸續發現許多包括維護管理不佳、跨局處協調難以整合、設計專業難以落實、地方政治勢力與專業者溝通困境等課題，計畫僵滯而停擺。

近十年來台北市「空間生產」已逐漸轉向社群協力（collective creation by multi-communities）的模式。這個轉變可以追溯至二〇〇九年「羅斯福路綠生活軸線營造」計

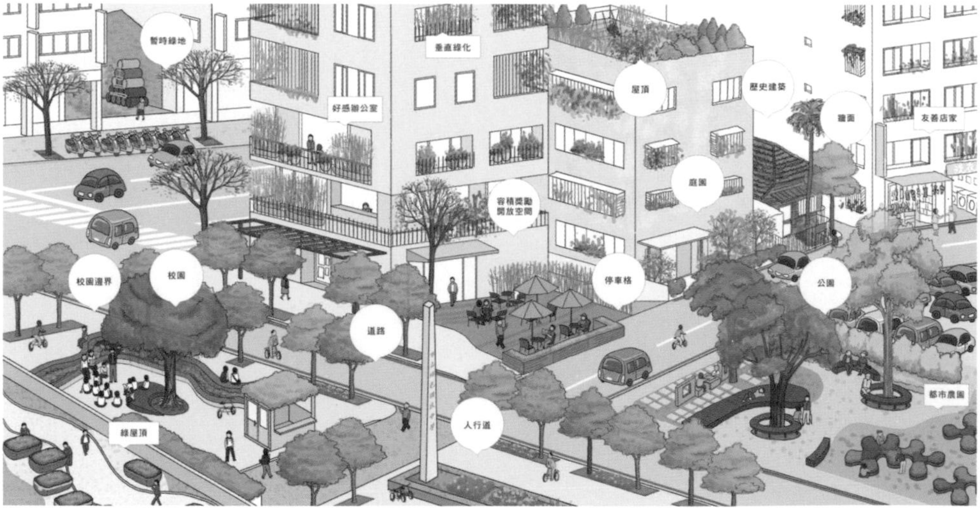

畫，以及後續「一葉台北：城市創意補充綠」、「油杉麗水永康綠生活圈營造——綠生活節」，此階段為政府委託專業單位研提策略規劃，輔以創意活動，讓許多想像及可能性透過參與式活動的方式，實驗、摸索並修正調整為更成熟的政策機制。到了二〇一四年，「Open Green 打開綠生活計畫」正式啟動，向全市開放徵件提案。

二〇〇九年，經典工程顧問有限公司執行「羅斯福路綠生活軸線營造」計畫初次嘗試引入非地緣性ＮＧＯ社群參與社區設計，這些專長於理念倡議、公民培力的ＮＧＯ社群，對於所主張的想法有機會落實在台北市都市小尺度社區空間內皆躍躍欲試。另一方面，民間社會批判市府所推出的「台北好好看系列二計畫」不應以容積獎勵換取暫時性綠地，輿論四起。在這一波社會論辯討論之中，台北市都市更新處與規劃者、社造行動工作者們，試圖找出並誘發更多多樣的創意實作社群，透過負責轉譯與媒合的中介單位，讓更多對於進步作法有夢想的社群可以在社區裡找到實體的空間接軌，創造生活環境改變，期待未來影響都市閒置土地進行創意轉化甚至長期使用，改變都市整體對於閒置空地的觀念。

接著二〇一一年「一葉台北：城市創意補充綠」計畫，徵求八個創意社群加入某處社區閒置空地改造示範行動。整個實

對頁｜圖6.1
Open Green以綠生活圈出發，廣納各類空間改造類型。

圖6.2
「一葉台北：城市創意補充綠」透過向社群徵件，共同完成乙處空間改造。

驗計畫一開始是向全體市民進行社區綠點子創意徵件，最終選定一處基地讓八個社群發想、同時透過實作實踐出來。這個模式在當時是一個截然不同的空間共創經驗，社群之間彼此不熟識，當地里長也對此一模式抱持半信半疑、且戰且走的態度。後來基地內由台灣千里步道協會與志工以一磚一石打造出手作步道，但因為工法、美學形式尚無法被普羅大眾所接受，日後里長申請到另一筆計畫經費，以水泥硬底鋪面為之取代。縱使如此，此操作的過程仍然為這近十年台北的空間生產累積了不可小覷的寶貴經驗，也得以從中更進一步反思如何設計旨趣社群（interest community）與在地社區組織（local community）的互動模式。

轉進：社群「共創生活圈」、再次集結於一處基地

二〇一二年，累積前三年操作「社群協力營造社區」的試誤經驗，我們發現不同旨趣的社群分別在同一區域裡進行空間生產，更接近「共創」生活圈的目標，因此將後續焦點導向「生活圈—面狀」的行動方案推動。

從定義來說，生活圈原來是很有彈性、很開放，中心點會隨著不同行動者產生邊界模糊的效果，影響範圍也會隨著發言者的角色和生活、工作等多樣需求而有不同的理解與定義，而這恰恰好更貼近我們所欲傳遞的「社群協力營造社區（也就是生活圈）」的精神。

經過許多次對於初次選點的評估原則討論之後，我們選定了緊鄰台灣師範大學的油杉—麗水—永康街周邊作為「生活圈營造示範」，展開為期兩年的規劃實踐，從

中確信結合眾社群之力營造社區的取徑，是更能符合台北社區營造需求的一條路。

在這個生活圈裡有許多不同的社群（包括大家熟知的社區組織也屬於其中之一），我們秉持著廣邀社群協力的精神，前前後後找到了包括台灣油杉社區發展協會、青田社區發展協會、大安區錦安里辦公處、大安社區大學、師範大學設計學系、輔仁大學藝術與文化創意學程、新生國小等不同的單位。這些社群們透過綠生活營造工作坊的盤點，共同發掘了許多潛在可以被重新賦予新使用想像的生活空間，包括閒置屋頂空間、私人公寓牆面、公立大學的圍牆、歷史建築群落與公園之間的巷弄道路、國有閒置空地、圳道歷史遺跡路線、水利會閒置空地、停車格等等，經由一次又一次的討論，逐漸浮現出各個改造潛力點，再搭配可以串連的社群資源及後續經營的想像，重新打造一個充滿生機與多樣文化共存的生活圈。

接下來為了要讓「社群×空間」在區域裡被實踐與被看見，因此眾人策劃了社區事件來讓所有願景能夠藉由行動來展開。大夥兒舉辦了「生活在一起：油杉麗水永康綠生活節」，讓創意社群們各自依照自己的主題旨趣，擇定了區域裡的不同空間加入創意行動或改造，與當地社區居民自然而然發生互動。甚至也滾動了相鄰的其他里前來交流，大安區古風里辦公處、大安區龍泉里辦公處、雲和小客廳的經營團隊（粉紅豹文化事業有限公司）領著一群社區志工來參加綠生活節，希望能學習更多元的社造方法，讓師大夜市的商圈爭議可以找到更和諧的解決之道。（見第七章）

二〇一二年底的一個週末早晨，錦安公園搭起了活動帳篷，一系列的活動在社區展開：「大猩猩綠色游擊隊」於龍安區民活動中心屋頂舉辦開放民眾體驗綠屋頂的DIY活動；輔大文創系學生以潮州街一三七巷旁的民宅牆面作為Candy Bird和毛毛蟲插畫家進行壁畫創作的基地（即本書封面），倡議在巷子中找回以前與水圳的關係，為了創造更多不同社群協力參與的可能，也藉此增加當地居民對創意社群的認同感，壁畫創作者刻意將離地一公尺的牆壁空間留白，由大安社區大學協同新生國小十組親子報名現場共同創作，無形中整個畫面產生新創作與童趣的融和感；為了呼應Park(ing) Day精神的另類作法，我們利用停車格邀請居民關心社區內的國有閒置土地的願景想像；師大設計學系的師生以校園圍牆進行模擬，揭開「如果圍牆不見了」的序幕；此外還有慢行巷弄的道路彩繪創意、扮裝遊街等串連行動、日式歷史建築內知了劇團上演「一人一故事」的生活劇場等等。這一天，生活圈裡不同的角落有了多樣主題社群加入所生產的新公共空間，就這樣「生活圈被重新打造了」。

龍安區民活動中心屋頂（即錦安屋頂）的空間經過綠生活節的活動發酵後，里辦公處和油杉社區發展協會的代表，邀集了大安社區大學一起集思廣益，思考將空間認養下來，研究運用閒置屋頂進行主題活動的環境教育基地的可能性。經過與公部門多番的折衝，最終克服了管理單位各種擔憂，漸漸地錦安屋頂成為了眾人、眾群一起想像進而共創綠生活的基地；這裡面有雲和小客廳成員加入建構屋頂堆肥，儲備社區規劃師協助開課辦理屋頂農夫培訓活動，成立「錦安頂農藝志工隊」，並訂定認養辦法規約；辦理「屋頂一坪想像」，展覽陳敏佳屋頂攝影作品、台灣原生植物保育協會余有終老師示範適地適種的植栽等。屋頂空間因此不只是綠化、景觀設計，還連結各式社群對此創新的想像。此波屋頂實驗，間接地促成二〇一四年市長候選人提出關於「都市農耕」、「田園城市」的政策倡議（見第十一章）。

二〇一三年，經過不同行動串連出九個發起單位，其中包括地緣社群、技術社

上｜圖6.3
錦安綠屋頂的改造經驗，醞釀2014年以後台北市田園城市政策。

下｜圖6.4
明興里生態志工隊在學習手做步道的過程中找到社區新動力。（伍光祖／攝）

群以及議題社群，以生活圈內過去由水圳相互串連之意象，形成了更有共識的結盟團體：「水陸畔文化生活聯盟」，期待能夠透過社群協力共同建構新的社會生活意涵、團隊互助模式。

普及：啟動向全台北市徵件的「Open Green 打開綠生活」計畫

二〇一四年，累積了自「羅斯福路綠生活軸線營造」開始的各項實驗計畫的操作經驗，確立「社群協力營造社區」模式之後，台北市都市更新處正式啟動「Open Green！打開綠生活——台北市社區規劃師駐地輔導計畫」，開放一般個人或社群參與提案，許多長期具有創新能力的社群也開始投入社區設計。

Open Green計畫由台北市政府、內政部營建署提供實作經費，各年度依據社會趨勢歸納主題，包括「長者關懷」、「環境友善」、「創新共享」等。二〇一七年以「逆齡城市，由你來打造！」回應高齡社會的課題。由各式社群組成實作團隊，在徵件期間內向政府提案社區空間改造內容。提案內容需舉出空間改造點、現況問題、改造特色等，空間需有一定程度的公共性、開放性，類型不限，公、私有土地皆可，以能提供公眾開放使用並承諾維護管理至少五年為基本條件。經過委員會評選機制後公告入選實作的名單及核定的執行費用。改造經費分別有四個級別，S級（二十萬）、M級（三十萬）、L級（四十萬）、A級（上限六十萬），共四個級距。委員會參考提案內容、預算編列等合理性給予實際經費，如空間大小、改造項目、材料、地上物狀況、設施物、排水、植栽、工班人力等。從概念發想、空間改造、創意活動舉辦，鼓勵各種主題社群與地緣社區團體合作協力提案，以「雇工購料」（培力社區工班、籌備因地制宜材料）方式完成改造計畫。概要前述操作流程，可以簡單分為五個步驟：「尋找空間、聯繫地主、社區溝通、動手改造、揪團來玩」。改造內容不限為純粹綠化，可以針對實際社區發展面臨的問題列為優先導入改造的切入點，如大稻埕創意街區發展協會提出南街四條巷弄的自導解說指引牌，結合當地積木藝術店家，以樂高作為素材，賦予被遺落的側巷新生命，規劃出職人巷、布料街、歌謠巷、廟前街的地方特色（產業綠）；文山區樟文里結合婦女救援基金會關心性別友善的環境營造，邀請竹圍工作室及鄰近基地的景美女中師生、天貝武設計品牌企劃製造所等單位加入創意，讓長期為治安死角的三三四巷可以煥然一新，如今成為可以一覽地方發展歷程的故事藝廊，也讓婦女長者不再害怕夜晚行經此巷弄（社會綠）。其他還有一般大眾較為熟知的生活綠、生態綠等面向，都融入Open Green可以操作的內涵中。以下透過不同樣態的Open Green實踐案例進行說明。

「打開僵固使用」：敲除水泥、打開圍牆

位於木柵馬明潭山腳下的明興社區，是一個山坡地集合住宅社區，早期由建設公司開發興建，土地屬於私人所有，加壓受水設備亦由社區自行管理維護。使用數十年後，因水管老舊，漏水嚴重，住戶不僅無力維護，多分攤的水費也不堪負荷。為了根本解決高地供水的問題，大家開始集結起來集思廣義。明興社區聚集了一群關心環境、安全防災、高齡照顧等志工，從社區安全防災議題出發，促成社區大樓管委會法

定空地、後山私有土地、國防部公有房舍、空地等陸續串連起來，形成社區安心友善行走的通道，二〇一五年再次獲得國際安全社區的認證，是台灣推行國際安全社區中非常成功的示範社區之一。

某個周末一大早，文山區明興社區數十位不老英雄早已拿著鋤頭、揹著水壺上山去，生態志工隊由社區居民、退休人士、水泥師傅、生態喜好者等共同組成，因為彼此都喜歡自然生態環境，經過長期觀察而發現到了這麼一座珍貴的生態跳島就在步行距離可到達的社區後山裡，螢火蟲、穿山甲、蜻蜓、蛙類等多樣的生態物種，都是促成志工們捲起衣袖想保護的山林好朋友。

透過Open Green計畫的執行經費，這群志工讓原本充滿水泥硬鋪面的山徑，蛻變為一座生態解說教育環境。規劃設計階段有中國科大建築系孫啓榕老師提供方案諮詢、台灣千里步道協會徐銘謙副執行長提供技術指導；施做階段有專長泥水土木技術的居民潘旺大哥擔任總工頭角色、號召生態志工的成員一邊敲除水泥，一邊將拆除後的廢棄物重新堆疊再利用；跨部門行政協調的事項則由里長鄢建民負責出面。環境改造的工作，還串連了社區照顧關懷據點，將圍牆拆除、提升視覺通透性將綠意開放分享出來，天氣好的時候，長輩喜歡在庭院內共餐，一邊聊天，一邊可以和來往的鄰居打招呼；秀明路一段十七巷巷口，原本停滿機車的水泥平台，也在社區工班的投入下，將雜亂的角落打造為兼具透水、保水功能的新亮點，居民們以此欣欣自豪。其中，許多莘莘學子也將投入協助社區環境改善的工作視為求學階段很重要的實踐場域，包括中原大學景觀學系、中國科技大學建築系、世新大學等，Open Green的空間改造過程，也因此搭起了跨域規劃設計實踐的橋樑。

工作社群彼此協力，顛覆了傳統工程建設的傳統發包模式。社區找到了可以再生的能量，每年都期待下一年度還有什麼可以改變的社區空間。

「創造小系統循環基礎」：分享技藝、創生計劃的交流場所

柴寮仔是大同區民權里周邊地區的舊地名，因鄰近過往的雙連火車站，扮演大稻埕對市區的輸紐角色，寧夏路、錦西街成為木材集散地，故因此得名。周邊還有五金打鐵業等輕工業聚集地。由於板材加工、木作師傳擁有技術及經驗，許多設計師都喜愛來此區與工匠交流，甚至賦予「台北工具箱」的區域定位。二〇一三年台北市都市更新處委託團隊盤點地區潛力空間，透過參與式規劃方式，與社區居民討論出「社區打樣空間」的營造願景。曾藉由Park(ing) Day行動，運用木材店家前方停車格，舉辦一天的「木作教室」活動，由在地木匠擔任講師，開放居民參與，引發正向的想像與連結。隔年，社區反映有一處原為義消大隊的空間，因閒置多年形成社區髒亂的治安死角，居民們避之唯恐不及。經過與居民、民權里辦公處、北市府、專業團隊及土地產權關係人協商，大夥認同柴寮仔應有一

圖6.5
小柴屋提供非正式交流活動場所，許多靈感企劃在此因運而生。

大橋工舍啟發街區經營系統思考

處空間能為老舊社區注入新能量，改造後命名為「小柴屋」。

一開始定位為社區教室，期望透過舉辦與木作DIY相關的活動，讓居民能藉由體驗產生交流，進而認識柴寮仔傳統產業的獨特性，凝聚認同感。有一回，台灣夢想城鄉協會的徐敏雄老師希望能帶領街友工班，一同為救世軍台北街友關懷中心打造收納物品的櫃子。正巧關懷中心的基地就位於小柴屋的附近，開啟了合作的介面。小柴屋沒有水、電，在舉辦活動上往往受限。二〇一五年，「未來實驗室」、「56789自學家庭」共同成立小柴屋工班，向Open Green提案而獲得改造費用，為小柴屋設計出了專用的儲水系統、風力發電；「綠點點點點」團隊協助安裝了太陽能板，支援不超過330W的用電量，帶來環保與能源的示範，小屋內設置了工具分享牆讓更多可能性被拓展。前院的植栽由自學家庭親子一同完成種植，平日則是鄰居陳醫師協助照料澆灌；大門結合了當地木工、鐵工師傅的技術和材料，由「三個小木榫」社群設計製作。

受到小柴屋與柴寮仔傳統木作技藝的啟發，許多創新活動不間斷的醞釀產生。「柴作伙共創攤車工作坊」與中華牧人關懷協會、立祥雕刻工藝社、三個小木榫等聯手合作，在敲敲打打中帶領社區小朋友用身體體驗柴寮仔社區的木藝技術；「城市淨灘：公園曬像，繞境柴寮仔」由「左偏影像」發起合作計畫，讓藝術影像成為社造串連的媒介；以「Sake Days日式清酒每天」的形式，由國際社群SHIBAURA HOUSE邀請旨趣社群自由參加，在輕鬆交流談話中獲得靈感啟發，此看似愜意的非正式交流場所，卻醞釀了具影響力的西城Taipei West Town[2]——獻給台灣人的線上雜誌於焉成立。

大橋頭命名源於連通台北市及三重埔的台北大橋。過去知名的產業包括六〇年代的蘭花市集、草仔粿米食等，後因交通之便，形成知名的人力市場，找臨時工可來此地「拉夫」。大橋頭以延平北路延三夜市為分界，過往主要街道為迪化街二段，是清朝以來即形成的老街紋理。然而有別於大稻埕迪化街一段的發展命運，一橋之隔，隨著台北發展重心移轉東區後，近三、四十年來，該地帶長期處於發展凍結狀態。日治時期此區即稱為大橋町，地區內保有老街特色，許多荒置破舊的紅磚灰瓦建築、木造門窗、低矮建物，伴隨蜿蜒巷子及緊密尺度的街道寬度。淡江大學建築系劉欣蓉老師於二〇一四年受邀成立「大橋工舍」，作為駐點交流與居民公共溝通的地方工作站，串連包括淡江建築系師生、剪紙藝術家、社會設計師等有心參與帶動地方改變的工作者，利用社區既有的生活空間，發動微型環境改造，以逐漸凝聚居民意識。藉由專業社群的進駐導入許多硬體環境的改變，包括二〇一六年提案的「樂活景星轉角客廳」，在落成後讓居民更瞭解社造，因而提高參與度；隔年續提「希望83」的空間改造計畫。

二〇一八年一月，大橋町（以景星里為主要範圍）上演了一場社區交往街角同樂會。結合老屋新用的空間、Open Green的戶外空間等不同系統空間與社群對象的交叉安排，在細雨飄揚的綿密節奏中，揭開同樂大橋町不一樣的經營想像，包括清新樂社的飛舞獅、謝范將軍紙箱創作DIY、八將臉譜面具彩繪等傳統元素都成為了遊街的陣容；行經迪化街二段八十三巷，巷內正進行著以零錢交易為主的摳摳市集，原本看似零落的老屋，經過巧思與妝點，許多創新的社群都願意進駐貢獻心力，包括集

2 西城 Taipei West Town，以「傳遞地方精神」為目標，不定期發佈深度旅行路線及擁有土地個性的選品。內容涵括隱身台北的老味道、場域、文化記憶及地方意識。網站連結：http://www.taipeiwesttown.com/。

思台北西區如何活化的西城Taipei West Town、小柴屋攤車；仍在摸索如何與社區互動的單位，如：左偏影像、有機栽種小農；以及希望培力的對象，如播放黑膠音樂的群青制造所、餐桌上、理毛咖啡、剪髮Kewei + Amy等。來自紐西蘭基督城Gap Filler創辦人雷諾斯（Ryan Reynolds）（見〈導論〉），透過設在福德宮廟對面街角的願景板，讓參與遊行的人可以藉由丟擲顏料水球，以視覺化的方式表達對社區的各色期待。有了不同空間的支持，讓願景可以被累積，過程可以被參與創造，不一樣的社區面貌就在這一點一滴中，找到對話的縫隙。時任里長的張惠雯說：「過去我們社區居民都以為社區老舊了就是要更新，但經過劉欣蓉老師帶來的鼓舞，社區內多了老屋新

圖6.6
「希望83」在設計之前先開放給摳摳市集舉辦活動，蒐集居民的想像。

圖6.7
「希望83」改造方案幾經修正，最終以支持各式戶外活動的空間框架進行設計。

對頁｜圖6.8
Gap Fillers創辦人Ryan Reynolds帶著遊街的陣容一起用顏色表達願景大橋町。

用、Open Green，我找到了新的努力方向。Ryan提醒了我們，對於閒置空間不一定要用永遠不會壞掉的思維去規劃，也可以接受一些暫時性的想法，大家先試試看，不好就再改，讓更多有趣的事情可以發生，想像更活潑。」

「破除社群邊界」社群基地、社群也可以做社區

「台北好傘計畫Taipei Umbrella Project」發起者游適任受到一九七〇年代歐洲「占屋運動（Squatting）」精神影響，認為台北亟需共享社群能群聚、交流，甚至進一步帶出合作的基地。二〇一二年一開始先是經營一間位於古亭的「混公社Hun Co-working Space」，透過人們所習以為常的咖啡廳樣貌，將共同工作空間的工作文化帶進台北。游與一群夾帶理想與實驗性的社群在混Hun中不斷策劃，相信每一個參與成員都擁有第二種身分，透過「共同分享」環境的打造，以生活實踐行動來建立國家看不到的「領地」。

許多進出混Hun的成員，工作之餘都會注意到一處相鄰的閒置空地，上頭噴著紅色鮮明清楚字樣：「國有財產請勿進入。違者依法送辦！」隔著綠色的圍網，每天經過時看見它荒蕪的樣貌激起大家：「如果可以在裡面＿＿＿＿，那就更好了」的想法。當時正逢師大商圈因為夜市範圍越益擴張，許多開店許久的老店家與居民往往因為立場不同而劍拔弩張，社區過往和諧共處的氣氛不再。當時推動「綠生活圈營造」的成員在混公社開會認識了游適任，彼此相談甚歡、理念契合，到了二〇一四年，便以Plan b第二計劃團隊的名字，正式提出改造國有地的計畫，也是Open Green第一個以自然人身分證認養國有地的示範案例。透過傘的意象，帶入「庇護」（refuge）、「共享」（sharing）和「聯結」（connection）的社區交流意涵。

藉由整合都市永續發展（Sustainable Development）議題與設計在地化的可能，獲得國有財產署的兩年一簽的認養同意書之後，從空間設計、告示牌設計到開放借用辦法的制度設計，台北好傘計劃試圖調整長期以來民眾對生活與周邊環境固著的想像與思維。整地階段邀請周邊居民一同參與，從最基本的借工具、插頭、借電施工等等開始。由於設計規劃需要有現場佈置照片，於是在固定時間邀居民來空地共同攝影。於等待過程中，居民與外來者就有談天的機會，光是透過這樣的交流，彼此間的隔閡就因此減緩不少。攝影群像的輸出、綠色人工草皮的鋪設、入口紅色雨傘與白色座椅的裝置、木棧板的拼裝以及一棵居民親自種下的無患子樹等設計方案，皆為都市盡可能設下「留白」的可能，讓更多想像有機會發生。許多居民路過都會問起：「這裡怎麼還不開發？」而隨著時間推進，居民逐漸從這個留白處體會到都市空地的存在不必然是為了開發，往往「空白」就是其中一種好答案。

二〇一七年台北好傘計畫推出2.0版，再度獲得Open Green的補助，在居民信任的基礎上融入新提案、轉化居民需求的設計，包括照顧植栽、日曬衣物或字畫等，並回應學生社群進行藝術展演所需要的吊掛構件，提出共融設計方案。Plan b更以這個與社區近距離的操作經驗為基礎，成立「ParkUp」品牌，執行類似小空地改造的計畫。古亭的空間改造經驗成為ParkUp GT，獲獎無數，包括金點設計、日本GOOD DESIGN優良設計獎等，也因其社群創新的特色帶給社造的啟發效益，獲得第二屆Open Green大賞特別獎。這份經驗持續累積，後來有文化局委託的大同區樹德公園共融式遊戲空間的設計ParkUp DT等案例陸續創生出來。

展望：以Open Green實踐社群協力營造社區、生態修復與社會修補

自羅斯福路綠生活軸線開始邀請NGO參與設計工作坊，「一葉台北」急切地組織不同的社群共創一個基地，雖然未竟全功，但後續引發生活圈裡不同社群在不同角落共創具有社會性的空間的模式，成功揪結打造了許多社群共處的屋頂菜園，助台北往「田園城市」的方向一臂之力；這些近十年累積的實踐經驗，最終讓Open Green有了豐碩完整的理念論述與操作規範，社群的合縱連橫觀念與方法，已經鬆動了傳統地緣社區組織動員的僵固思維，更落實了生活環境改造兼容硬體改善與軟體經營維護的概念。

Open Green的核心精神就是透過各種「打開」實踐多樣的「綠生活」，以創意的空間改造生產歷程，向外開放鏈結社會，試圖改變過往偏重消費社會下的硬體改造，

以及單一仰賴地緣社區參與的模式。透過多樣社群的實踐案例，反映出了「城市共生」與「新公共空間」的內涵，創造出可以產生更多交流的公共領域（Public Sphere）。在參與機制的中介下，讓社群可以橋接上地方生活的協力關係，從而導向更包容、多元使用的空間。這一個個生活空間改造過程，顯現社群協力的不同模式，當人與人的關係和空間與空間的動線被銜接了起來時，人與空間的互動便重新有了對話的機會。Open Green所推動的一個個「新公共空間」可被視為是社會整體變革中，進行「社會修補」的基礎。

Green不是字面上的「綠」或「綠化」，而是將生活空間視為一個連續的整體，從生產、生態、社會到倡議性的主題，都可以用Green的概念來引發社區居民共同討論與投入。包括都市議題中倡議的綠、社區型產業的綠、人與自然生態的綠、關注社會福利與弱勢需求的綠、生活中小系統循環的綠等等。以綠之名，帶動公共的討論，藉此充實都市再生的內涵，具有兼顧社會與自然多重「生態修復」的意義。

我們相信在Open Green的推動還能夠有更多的火花與升級。期待各式各樣的社群組織都能一同來加入生活環境營造的行列，共享、共創與共作的美好成果與未來。

圖6.9
台北好傘計畫2.0融入對居民使用的觀察與多用途使用的設計。（照片來源／ParkUp/Plan b）

7

〔城市共享〕古風小白屋：工具分享，加倍奉還

綠點點點點點——文

教戰守則

- 跟植物學習生長。
- 開放、分享、互助，嗯……但是要加倍奉還。
- 密碼：1007070404００，100分幫70分，70分幫40分，40分幫0分。

THE GUFENG WHITE HUT: SHARING TOOLS, GIVING BACK WITH MORE

台灣都會區的社造向來困難，難以開創也難以延續，「古風小白屋」（以下簡稱小白屋）因為一個機緣，從「綠點點點團隊」拿出自己第一桶工具分享開始，持續聚集人、工具、物資、作品，漸漸接近連鎖反應，能不靠外部注入資源就自行運轉，其整段過程，有如植物生長，而非工程建設。

小白屋位於師大夜市的邊緣處，接近羅斯福路捷運台電大樓站，附近都是飽和的四層或六層樓公寓，舉目所及只有圍牆、車庫、鐵窗、門、和各種商店，過去幾乎沒有任何空地或「公共」的區域，甚至在幾年前師大夜市過度擴張時，差一點連這整片區域都要變成商店夜市。不過這幾年來，古風里的孔憲娟里長只要發現公有房舍閒置或傾塌，就立刻去跟政府認養，至今已經有三個新舊參半的公園，兩個社區的活動中心，和一個小廣場。且因為孔里長把這些空間都當做大家的公共空間，不以「里民服務」為界線，遠近的朋友都歡迎他們來，這樣的想法跟「綠點點點」團隊很合。我們一起做了一些事。

小白屋的最基本信念是「減廢」，主要方法是修理與創造，因此聚集的人和物資都與減廢有關。在小白屋之內，重視的是環境與人，人與人的互動，因此不重外觀而重系統使用的便利。

小白屋與傳統社造的方式有所不同，吸引出一群從來不在社區活動的族群，尤其是退休前後的男性，這群人，知識豐富野心勃勃，除了古道熱腸，也關注未來，是最穩定且有力的志工。

其他的族群多半是被服務者，來來去去，得到方便解決問題之後，也許就從此不再出現。但也有些被服務者變成了服務者，成為自動自發的志工，讓系統得以運作。

小白屋秉持「開放，分享，互助」的原則，盡量不介入人與人之間的互動，但是鼓勵一百分幫七十分，七十分幫四十分，四十分幫零分，只要如此，每個人都越來越強壯。

活動並非小白屋主要的目的，人與人、物、環境的「鏈結」（或說是「鍵」）才是重點，就算只是借「強力膠」讓路人貼上鞋底這類事情，都能在社區互動，影響人心。這些年來助人無數，故事已經不可勝數。

很多人問，複製它的可能性？不是沒有，只是小白屋是以植物的方式長大長成，

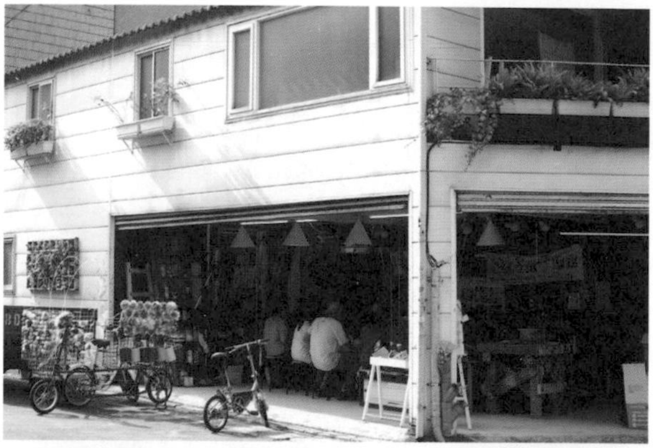

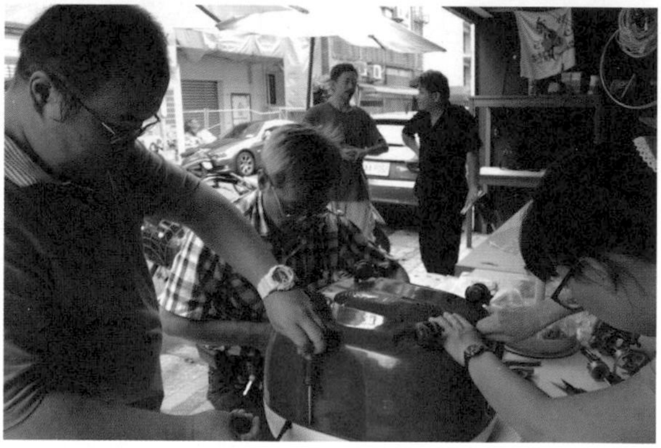

圖 7.1
小白屋從一處廢棄的舊房子，變成吸引居民與路人駐足的社區互助修理站。

圖 7.2
小白屋的互助修理活動也拉近了社區居民之間的關係。

所以想要複製它的人，也必須用植物生長的方法去思考，其方法如下。

基本精神：減廢

若非為了減廢，小白屋只是一棟房子，因為想要減廢，小白屋嘗試做各種減廢的事，吸引聚集一群有心減廢的人，這些人一起塑造了一個獨特的減廢文化。

減廢有兩條路，一條路是不要廢棄，另外一條路是減緩廢棄的速度。例如廚餘和用過的油，是廢棄的大宗，但是如果有簡單的方法，把廚餘變成肥料來種菜，把用過的油變成肥皂，那原本要廢棄的東西，就不必廢棄，還產生了新的價值。另外一例，大部分的電器、家具等等，都可以經過修理而延長壽命，延長壽命就可以不被廢棄，因此修理也是小白屋重要的減廢方法之一。

工具分享，但「加倍奉還」

小白屋最初的電動工具只有一把電鑽和電動鋸子，很多人都買過電鑽，打完幾個洞之後，就收到床底下，這輩子再也用不到了，所以分攤下來，那幾個洞的價格非常非常昂貴。但是小白屋的這把電鑽，已經分享借用給很多很多不同的人使用，他們打出來的洞，價格是零，這把電鑽，卻越來越有價值，這就是工具分享的意義，工具，在沒有被使用的時候，只是一塊鐵，反之，越是被分享，越是被頻繁的使用，越有價值。

工具可以免費分享，但是得到方便的人，應該要加倍奉還，何謂加倍奉還？我們有三種方法，第一、可以捐贈他用不到的工具、材料、零件，或是在小白屋做一些服務，或是在任何地方協助任何人，只要他自己心裡覺得平衡就好。有人問，難道每個人都會做到加倍奉還嗎？答案是並沒有，但是只要十個人中間有一個人這麼做，就已經很足夠，小白屋就是這麼長大的。

曾經有一位年輕人，拿故障的電器來小白屋，修理達人黃大哥幫他修理，但也請他幫忙做點事（加倍奉還），把螺絲釘分類。他回去之後，把小白屋的運作方式和故事說給他父親聽，他父親正巧之前經營一家營建廠，受傷轉業之後，想把營建廠收掉，於是就把營建廠所有的工具、材料、零件都捐給小白屋，一次加倍奉還，也許可以說是百倍。於是，小白屋的工具規模一口氣壯大好幾倍，而這樣的故事，並不罕見，一次又一次。

三個操作原則：開放、分享、互助

同樣的種子，不見得長出同樣的樹，這牽涉到它落地處的土壤環境，和之後很長一段時間的生長條件。

工具分享最初的模糊想法只是一顆種子，這顆種子掉落在台北市古風里，一座免費的鐵皮屋。讓這顆種子日後發芽長大的環境條件有三個，就是「開放、分享、互助」。

小白屋努力讓自己成為一個有屋頂的公園，既然是公園，就是人們可以隨意來來去去，找張椅子坐下來，想走就離開，這就是開放。小白屋的工具、材料、零件都是別人分享給我們的，常常有人來借一個工具去對付一顆螺絲，或是找一顆缺少的螺絲，某一角需要的木板，這些都是左手分享進來，右手分享出去，某個對某人來說沒有用的東西，就變成另外一個人的救星，分享本身，有如一種貨幣，或是空白的支票，支票上的數字，是椿魔術。

至於互助，就稍微有點複雜了。

我們有一句口號，一百分的幫助七十分的，七十分的幫助四十分的，四十分的幫助零分的，因為每個人都有某些能力比別人強，只要我們把比別人多一點的能力拿出來幫助別人，那麼每個人都會更強壯。我們之中，有些人懂電，有些人懂木頭，有些人有美感，我們都不必等到自己是那個項目最頂尖的高手，才能當老師，才能幫助別人，只要每個人都願意伸出手來就可以了，這就是我們的互助。

開放、分享、互助就是讓小白屋發展的養分。

一 錢、不碰錢

小白屋不碰錢，所以小百屋裡面的人，都是志工，幫別人修理東西，都是免費，也就是說不會有收入，如果不是為了某些信念或是樂趣，這些人不會留下來。

最初不碰錢，是因為小白屋是政府的閒置空屋，不可以營利，那就乾脆與錢絕緣，一勞永逸，而且不碰錢之後，一切都變得非常簡單，尤其是人與人的關係，從「數位」變成了「類比」，當不能用阿拉伯數字衡量之後，「類比」的模糊，就是彼此之間的互惠、交情、或是禮物（非指商業禮物），每個人都必須交朋友，加倍奉還，而不是付一點錢就可以把人打發掉了。當然也有人想利用小白屋去賺錢，但這不被大家認同，不想讓錢這種東西壞了我們的樂趣。

不碰錢，但是也不能沒有錢，至少水電不能沒有，所以還是得有些小錢。小白屋是政府的閒置空屋，由里長認養，免費使用無需付房租。因為不用冷氣，其它機器再怎樣跑，一個月電費水費大概都在一千元上下，還好，比較大的開支主要是耗材，因為工具被大家使用，輪到誰使用的時候壞了，很難說責任屬誰，這時候更換耗材或是修理機器，就是一筆不得不的開銷。

志工都是單獨的個人，口袋淺零用錢少，但是如果同一家公司一群同事組成一個團隊，代表「志公司」，問題就簡單了，以公司的零用金來支付一個月幾千元的開支並不困難，同事一起來彼此支援值班時段也比較容易，因此除了志工，有「志公司」來支持，是很有用的。小白屋最主要的團隊是「綠點點點點」，也就是一家志公司，主要成員多半是一家小公司的員工，不可避免，短期之內綠點點點點團隊還無法退場。

政府與民間公、私單位的補助，確實有幫助。相較於零用金只能夠維持運作，一次一整筆的補助，可以幫助改善環境，提昇設備，或是推廣活動。通常，從捐贈所得的工具雖多，畢竟不是我們的選擇，以捐贈拼湊出來的光譜中，總會缺少一些我們想

工具分享

這裡的工具給大家用，『不牽涉金錢』、『原則是在此使用』、並請『愛惜別人的好心好意』。

加倍奉還

得人方便，可以回饋在『加倍奉還』，所謂加倍奉還，可以是：
捐贈（或借予）工具、零件、材料，或整理工具維護環境，或幫助這邊旁人、幫助任何人。

「綠點點點點」團隊在這裡負責協調，有問題請電 2700-7055 或 0963-928-391（找一位綠小姐）。

圖 7.3
小白屋精神：工具分享、加倍奉還。

圖 7.4
小白屋工具牆的不斷擴大，也代表社群網絡與能量的成長。

要的東西，這時候，如果申請到合適的補助，以補助項目或是活動所需來採購，就可以填補工具的光譜，添置某些關鍵工具。小白屋曾經申請到幾個補助，讓小白屋更上一層樓。

但是奉勸有心於此的人，不要太依賴補助，因為補助一般來說是「吃不飽的」，得自己也添入更多柴火，如果志工、志公司無法投入更多錢和人力，就很難只依賴補助就把事情做到很完美，因此若要申請補助，必須是自己也已經準備好付出。

小白屋不碰錢，但並不排斥捐贈，捐贈也是一種分享，捐贈的物資，什麼都有，除了工具之外，桌椅、冰箱、飲水機、燈具、洗衣機、抽油煙機、除濕機、鍋碗盤，都有人捐贈。甚至小白屋的志工有一種說法，在小白屋裡面許願，要特別小心，如果你需要一台小冰箱，千萬要清楚的許願是「小」冰箱，不然的話，隔幾天就有人送一台「大」冰箱過來，正因為這個地方的願力太強，舉目四望，各種好東西，擺起來很有氣氛很有氣質，幾乎都是別人提供的。

得人捐贈，延續物品的生命，或是幫物品找新主人，也是小白屋「減廢」的方法之一。

人

來小白屋的人有兩類，被服務者與服務者。

小白屋的第一位修理達人文大哥，以前每個星期六上午準時來到小白屋，免費幫人修理家電、家具，當時風氣未開，很多人拿東西來修理時半信半疑，先問真的不要錢嗎？接著又問為什麼要免費幫人修理。有一次文大哥被問煩了，走到裡面說：「以前我在工作的時候，要聽老闆的話做事，現在我退休了，我高興免費替別人修理，不可以嗎？」文大哥之後的修理達人都跟他一樣熱心，不過現在問這些問題的人越來越少了。

所有的人，一開始都是被服務者，小心翼翼地走進小白屋，尋找一些幫助，例如借工具、找零件或材料、做一個物品、修理什麼東西，諸如此類，小白屋對他們，好像是一條渡船，要過河，上渡船，到了對岸，繼續陸上行程，渡船仍然在河兩岸往返，繼續不斷地渡其他人過河。

大部分的人，解決了手上的問題之後，就很久不再出現，甚至再也沒有出現，但也有些人會常常來，這些常來的人之中有少數，除了關心自己想做的事，也會主動幫助其他人，這樣的人，就是小白屋最想要的人。他們會被邀請更多參與，他們是服務者，也許被稱為志工，他們才是小白屋真正的主人（被服務者相對來說就是客人）。

有個有趣的現象，被服務者多半是鄰近社區的人，可是服務者卻常常是來自遠一點的地方，我們推測歸納，大部分的人都不願意在鄰居之間出頭，可是遠一點的人不怕，到這邊來幫助大家，時間到了可以走，萬一有不愉快隨時可以離開，比較少顧忌。這個現象印證了我們以前的觀察：社區營造不能劃界線範圍，反而是越開放，就越容易成功。

小白屋不碰錢，沒有好處可以給這些服務者，只能給他們更多的時間與自由，讓他們留下來做他們想做的事。這些人，通常不為錢又樂於幫助人，都有些特別，這些特別的人聚集在一起，就是繼續在塑造小白屋未來的性格。

小白屋與傳統社造採取不同的方式，尤其是工具分享，這樣吸引出一批過去很少在社區出現的族群，主要是退休前後的男性。有意思的是，這些中年男性接受戰後新的教育制度，跟他們上一代的長輩不同（也有更多知識來保護自己的健康），能力非常強，雖然年齡到了，不得不從制度中退休，卻仍然充滿創造力與創業精神，這個中年世代，休息夠了一定會再繼續跑，也許會是台灣的未來。

在他們身上，看到台灣雖然面對高齡化社會，卻仍然充滿了希望。

除了被服務者與服務者，還有兩類人並沒有出現在小白屋之內，卻也很重要，他們是「路人」與「網路人」。小白屋雖然空間不大，十幾個人就滿了，但是小白屋有點像是一個櫥窗、一個螢幕、一個媒體，外面路人很多，路人看到有一群人在裡面工作、做工，也許只是個好奇的大問號，就已經產生了互動，別的櫥窗賣商品，小白屋的櫥窗賣「觀念」，這是小白屋對社會的貢獻，對於網路閱聽人，也是如此。

一 修理與創造

工具除了用來修理，還可以用來創造，看到很多人用小白屋的工具做出各種不同的作品，是件非常愉快的事，舉四例：

漁燈（玻璃瓶切割的衍生）——一位熱心淨灘的女學生，在小白屋學會了切割玻璃瓶的方法之後，帶著自己製作的切割工具，去淨灘現場，教大家如何把多如繁星的海飄玻璃瓶變成樂趣和藝術品。

織布機（棧板木條的昇華）——一位電子工程師愛上了木頭，尤其是熱衷把粗糙難看的棧板木條，變成無人能想像其前世今生的精巧作品，他做的棧板木織布機，連單向棘輪都是從切削一塊塊木頭開始製作的。

木氣爐（鐵皮罐頭的浴火重生）——鐵皮罐頭本來是為了密封食物，但是在挖了

圖 7.5
熱心的文大哥（左二）是小白屋的修理達人也是靈魂人物。

圖 7.6
小白屋的手作織布機木棧板再生工坊。

一堆洞再重新組合之後，就成了任何木頭的焚場，透過受控制的燃燒，成了火焰的藝術品，有了固碳的機會。

再生門（從泥巴中再度挺立）——曾經是殷海光故居院子地上日曬雨林的踏板，在揀回來處理過之後，用於製作一扇復古風格的門，其實它不必「復古」，它本來就已經經歷過時間無情的摧殘，蛀朽的痕跡反而變成了它的美麗。

時間（種子、萌芽、生長）

很多人問，有沒有可能複製一個小白屋？不是沒有，只是小白屋是以植物的方式成長。何謂「植物的方式生長」，我們從它的相對面來說。植物生長的相對面是「工程建設」，假設有人拿到一筆預算，畫好藍圖，建造一處比小白屋更好的環境，採購更多更完整的工具，有一天，它完成了，什麼都好，但是它缺少了在很長「時間」相處下的一群「人」，反而一定有幾位小心翼翼的管理者，生怕有人用壞了機器工具，於是，結果就不一樣了。

植物生長的方式，也有一張造物者繪製的基本藍圖，但是植物未必照著藍圖生長，環境裡有什麼就用什麼，根往下找營養（礦物、材料），葉子往上找能量（光），開花結果（繁殖、擴散），一點一點慢慢長大，長大後自己也成為環境的一部分，凡是皆順其自然，也在自然中奮鬥。

如果以一棵樹的生長來舉例，小白屋是這棵樹生長階段的「樹幹」，試問這棵樹生長的其它部分在哪裡呢？又是花了多少時間才長出一段像樣的樹幹？

從植物生長的方式來看，小白屋算是樹幹（莖）這一段，樹幹只是一塊木頭，凡是活的樹幹，下面必有根，上面有枝葉。

小白屋的根發展自雲和小客廳，雲和小客廳是主根，從主根發展出雲和堆（堆肥）、雲和皂（手工肥皂）、屋頂私菜園之旅、錦安頂（屋頂菜園）。小白屋工具分享之後，發出兩條大枝，第一枝長出街角創意、南機拌飯，第二枝長出芒果香草園、社區廚房共餐，開支散葉，都是依循著植物生長的規律，敘述於下。

一　雲和小客廳（小白屋的根系）

綠點點點點團隊在二〇一二年承辦台北市文化局的「雲和小客廳」社區營造專案，當時師大商圈失控擴大，住商衝突激烈，雙方都有一肚子苦水，但是雲和小客廳倒是一個挺優雅的社區營造，住商都樂意跟我們做朋友，於是團隊在戰區內，發展出一套完整的根系。

一般的社區駐點，通常是成立一間辦公室，派駐工作人員，傾聽社區居民的心聲，並且四處訪查，探尋民隱民瘼，最後交報告。綠點點點團隊因為過去都是做文化相關的工作，對生活品質有些挑剔，因此一到駐地，就開始整理佈置環境、種花種菜，把辦公室裡的咖啡機、製麵包機都搬過來，隨時準備很多點心零食等人來坐坐，設計各式各樣的推廣課程活動（已經悄悄地把環保減廢藏在活動裡）。當時生澀的概念未必最有效率，但是基本的原則就是交朋友。

先解釋一下何謂社區營造的「根系」，社區營造的一切建設，是表象，究其最終目的，無非都是為了建立人與人之間的關係。但所有做社造的人都知道，我們絕對無法觸及到社區的每一個人，甚至得說，再怎麼成功的社區營造，了不起只觸及到了極少數的人，這樣聽似是一個很悲觀沒有希望的無謂努力。但是我們若從植物長根的思路來看，植物的根挖掘養分，不必一網打盡，它只是先長出很多細細的根，如果某一支根鬚觸及到養分，就繼續發展，變粗變大。時間夠久，就會有一整片的根系，最後都通往主幹（或是有些植物會從根系發展出第二個、第三個主幹）。照這個理論，駐點是必要的，守株待兔或是出外打獵都是必要的，結交朋友，並認識朋友的朋友也是必要的，並且把我們的朋友彼此互相介紹，讓不相識的人都變成朋友，社區網就形成了。

基於對都市環境的期待，雲和小客廳以好玩有用的「雲和堆」、「雲和皂」來守株待兔，這都是簡單技術變成更簡單，把廚餘變成堆肥，把回收油變成肥皂，做肥皂一直到今天都還繼續發展，最近正在研究透明皂。

這段時間還有一件非常有趣的事，台北市的公寓屋頂，幾乎已經全面加蓋，但是仍有少數，非常低調秘密的少數，在屋頂種菜，他們通常為了避免麻煩，連樓下都不讓知道。因為雲和小客廳建立起的信任基礎，我們辦理了一次罕見的屋頂菜園小旅行，參觀幾處秘密的天空菜園，才知道民間高手這麼多，且依照這個密度推論，台北市就有無數個秘密的屋頂菜園，只可惜這種信任很難建立，以後再對公眾辦理類似的屋頂旅行，似乎是不可能的。

接著我們配合錦安頂屋頂公共菜園，協助建立自給自足的雲和堆系統，剛開始非常成功，有兩位大哥管理堆肥，堆肥產出豐富，讓都市農夫們種的菜又大又健康，有過一段輝煌的時光。可惜之後發生了一段插曲。在市長選舉之際，有人在都市農夫的群組上發佈了一則助選文，兩位管理堆肥的大哥突然發現彼此一個是藍一個是綠，幾句爭辯之後，兩位都退出群組，再也沒有出現在錦安頂上，其他人管理堆肥都不如他兩人，錦安頂的堆肥就每況愈下了，終至失敗，這真是台灣藍綠政治的寫照。

就如植物的根系，有些線會繼續發展，有些線會停在某一點，雲和小客廳建立的根系，還在繼續生長中，這些人與這些事，就是日後所有發展的營養。根系在不能得見的地底下挖掘礦物（植物的營養），供應建造莖葉，莖葉在地面上看得見的地方吸收能量（太陽光），行光合作用，固碳並釋出氧氣，接著我們就要從小白屋的根系，直接跳到小白屋的枝葉。

南機拌飯（小白屋的枝葉一）

在YouBike和OBike還沒有出現的時代，我們曾經在小白屋做過一個實驗，募集一批還能使用的舊單車，整理後漆上鮮豔的顏色，開放給大家當做共享單車，這個實驗很有趣也得到很多迴響，但是當然無法跟後來的YouBike相比。接著我們繼續遊走在無需土地使用同意書的地點，建立一些社區內美麗且有意義的「點」。這條枝線最後走到了南機場公寓二期的地下室，由一群「台北市社區人才培訓」的夥伴，建立了一個新的主幹，也就是一株獨立生命新的植物。

那個地下室最初的建築設計是作為一個市場，市場發展不順利被改當成停車場，卻受限於空間格局只能停一排車，後來經過一位台北市社區人才培訓的學生提案，改造了其中一塊，可惜並沒有產生多大的效益。但是這件事就像鑰匙打開了大門，我們

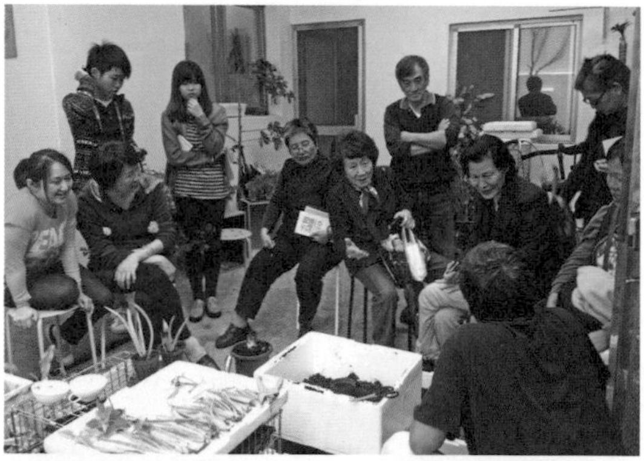

圖 7.7
雲和小客廳前院的種菜工作坊。

圖 7.8
芒果香草園的社區共餐活動。

對頁｜圖 7.9
防火巷搖身一變成為一處都市羊齒森林。

陪伴的另外一群培訓學生，選擇了在旁邊的位置，租下另一塊區域，對周邊環境做社區營造，成立了「南機拌飯」，並陸續引進了人生百味、芒草心、和夢想城鄉等團體，讓一個乏人問津的地下室變成了要塞，定期為街友弱勢做便當供餐，為社區居民修理電器，融入社區，發揮作用。

次年，我們承辦「台北市社區人才」課程，做了一個大膽的計畫，我們把主要的課程安排在那個地下室上課，沒有冷氣甚至還有一些雞鴨魚的味道，要帶學生走進社區，那裡是最接近真相的介面，很多學生有被震撼到，雖有影響但也有好的發展。至於南機拌飯，仍在持續發展中，另一株植物，創造另一個故事。（見第八章）

芒果香草園社區廚房共餐（小白屋的枝葉二）

繼古風小白屋之後，古風里里長孔憲娟在附近又認養了一戶空屋。那是一間我們最喜歡的破舊老屋，閒置了二十年，但是在經過改造之後，已經美輪美奐（某種程度）。從小白屋來的朋友

們，在建設過程中創造了許多精采的作品，例如狐狸先生用回收的朽木板做出一道古色古香的門，柚子用拆圍牆的磚頭砌出一個香草植栽槽，歐大哥用回收棧板與回收地板製作園藝資材架，魚大哥用回收棧板製作層板架，傾大家之力，不但用的是回收來的材料，而且還是做在破舊不堪的老房子裡，但是經過改造之後，氣氛比全新的更好。

小白屋是工場，不求優雅，但是芒果香草園不必如此，中央舍是生活美學的實驗室，在環保減廢的條件下，要創造出舒適的空間，且食物是很重要的題目，從小白屋引導過來的工程力量，一步步建造出一個社區廚房。

關於長輩的共餐，我們從一開始就不打算用外面的自助餐或團膳，而是希望培養我們的社區廚房，讓年輕人和社區居民自己來烹飪，每次五菜一湯，目前已經進行了半年，菜色很少重複。更有甚者，每個星期還有一次料理讀書會，暫時先以甜點為主，大家學習研究做出來的甜點，就是隔日長輩共餐的點心。未來還計畫邀請長輩們來教年輕人「家藏私房菜」，再由年輕人把這些好菜做給共餐的長輩們吃，也許還會製作食譜或是YouTube，做一個「續絕學」的數位典藏。

小結：渾沌的未來

二〇一八年孔里長又認養了兩個地方。其中一個是一片鋪了水泥的空地，我們順勢讓它繼續空著，兩側牆種薜荔和棄養的蘭花，角落用中央舍共餐廚餘養大量蚯蚓，做成一個小「廣場」。廣場和公園，在西方文化都是重要的交流空間，廣場雖然不能種菜，但是因為它「空」著，就有各種不同的可能性。例如最近台北市政府在社區舉辦的「幸福有里資源回收站」，這個小廣場就派上大用場。另外一個認養的是「半條」

防火巷，防火巷在台灣是公共空間被私人占用的普遍現象，這與我們期待打開私有空間，創造公共空間的目標背道而馳，所以我們花很大努力清理這條防火巷，種植大量蕨類植物，希望讓這條防火巷變成都市裡的深林，看看能不能引起其它防火巷的跟進。

五年下來，小白屋在古風里已經從最初的一個點，到現在五個點，成為一個系統，從「工具分享」開始，接著「修理達人」、「回收油肥皂」、「玩意兒（環保小手工）」、「切割玻璃瓶」、「假日木工」、「布工坊」、「料理讀書會（食物）」、「麵粉俱樂部（麵食）」，還有很多不是常態常年進行的項目，到今天已經很難用三言兩語來描述小白屋，但是「開放、分享、互助」的性質一直沒變，貫穿這一切。

且小白屋仍然繼續以「植物生長的方式」在成長，並沒有藍圖，也沒有結案的壓力，它的根系蔓延到社區越來越深，開花結果的項目越來越多，現在看起來，是一棵蠻健康的樹。

但是所有的植物都有生長的極限，也有死亡的一天，若想要有更大的發揮，對內，最好有很多新血來接手，讓「綠點點點點點」團隊漸漸退場淡出，對外，植物以散佈種子來延續生命，如果到處都有類似小白屋這樣的「植物」，那就算是成功了。

8

〔合作連結〕南機拌飯：社群共享的實驗基地

李仲庭——文

教戰守則

- 在居住密集又快速流動的城市裡，每處空間既是當地社區的，也是都會生活圈的；社群行動所追求的「在地性」或許是動態輻射的，或小或大、或近或遠，互補能量反而豐富了所謂在地性的內涵，也更貼近都會生活的網絡樣貌。
- 開放空間的經營者也是生活者和使用者之一，而不是地方的神燈精靈，應避免一味回應各種他人許願而過度耗損。釐清自身經營企圖與價值，找出與地方脈絡和使用者社群的「交集」，且未必只經營這項交集，或許更有助於活絡夥伴們的團體動力。
- 商品化策略就像是工具箱裡的鎚子，但現實難題並非都是釘子；行動者要熟悉社群共享的成本與風險，加上豐富的策略工具箱，才能搭配出契合社群特性與當地條件的多元營運模式。研發新模式常常挫敗，但偶然成功就將開創歷史新頁。

NANJI RICE: AN EXPERIMENTAL BASE FOR COMMUNITY SHARING

想在一座城市裡實驗一些社會改造的理念並不容易，通常行動者會需要找一群夥伴，找一個基地，串聯幾圈社群感，交織幾種在地性，支持彼此，創造改變。地下勞動合作社經營的「南機拌飯」，就是一個這樣的空間故事。

南機拌飯位在台北市南機場第二期整建住宅（忠恕社區）地下室的一個區塊，經營團隊承租這塊約四十坪的空間已兩年多，起初規劃空間時，因重視活動基地要有廚房機能，增添共煮共餐的互動機會，讓來這兒的人們更容易「拌」在一起，攪拌多種議題元素，所以取名叫「南機拌飯」。這個空間名字有時被誤以為是賣飯的，但其實不是喲。

在台北都會不同議題社群的眼中，南機拌飯是一處不定期舉辦講座、工作坊、交流會、餐會或電影放映的社群基地，重視幾組議題的推廣與交流，例如合作經濟、社區營造、文化創意、社會民主、都市再生等。由「地下勞動合作社」主要經營，並且還有「人生百味公司」與「夢想城鄉協會」分攤租金與空間庶務。前者常在此舉辦石頭湯共煮活動，關心無家者，倡議社會看進底層、看懂貧窮；後者在此經營手作木工班，透過共同創作培力弱勢者重建人際連結與情感支持。此外，還有「綠點點點點」團隊，協助引入社群與資源；以及其他理念相近的計劃團隊也會來洽談合辦活動，或租借場地共享空間。

圖8.1
南機拌飯是個結合社區廚房的社群基地空間，吃很重要，很多合作發想都是從吃飯開始的。（圖片來源／地下勞動合作社）

若以萬華與南機場生活圈來看，南機拌飯是地方年輕社群的交流基地，也是萬華二十多個在地團體所合作舉辦的「培根市集」[1]的初始實驗場地，其中七個社福與社企單位所合作的「社區食享計劃」，兩年來，每週四共同向臨近市場收取剩食，以南機拌飯為統籌中心與食材集散地，轉分到各自單位用於料理活動或社區方案。同樣也持續兩年多的「小家電互助維修站」，每月最後一個週末下午在這裡舉辦，除了已在萬華與南機場生活圈形成口碑，年長居民會報名送修，同時還吸引台北都會其他也重視舊物再生的新朋友，以及對學習修理小家電有興趣的年輕志工。此外，二〇一八年起，我們合作社裡喜歡製作點心的社員每月揪團舉辦數次「奇怪料理研究室」，與附近地區有興趣的年輕人嘗試經營一個同好社團，共享廚房，分攤雜支。

對所處鄰里與忠恕社區而言，南機拌飯是社區的開放空間；開放的地下室與社區中庭相連，成為住樓上的小朋友聚集玩耍嬉鬧的據點。每週五南機拌飯廚房利用蒐集的食材烹煮成十幾份便當，社區有幾位長輩固定會來取用和聊天；志工則送餐給其他不便前來的幾戶（來自鄰里長建議的關懷名單或鄰居介紹），然後再回到廚房共餐（不時有訪客或新志工加入）。附近鄰里對南機拌飯的主要印象除了社區廚房與小家電維修之外，每年里辦公室舉辦端午、元宵等節慶活動時，里長常來南機拌飯借用廚房；也有幾次是社區發展協會、或其他里民來借用空間。南機拌飯於是成了社區的一分子，就像一樓的老店家與宮廟，都是互相照應的鄰居，我們也儘量參與社區公共事務，例如幫忙歲末清洗樓梯、油漆災損牆面，或與當地的社區發展協會合作申請社造補助款。

以經營團隊的角度來看，地下勞動合作社本身就是很實驗性、複合性的事業組織，由不同背景的自由工作者組成，對於城市中一些議題領域進行合作和爭取專案機會，只要社員感興趣，就會揪伴洽談接案或協力參與，既為了個人生計，更為了自我實踐。兩年多來南機拌飯的空間定位逐漸成形，目前主要做為地下勞動合作社的工作室與活動空間，也是行動基地和資源平台。南機拌飯的空間元素隨著社員夥伴與各界社群互動共創，持續共拌出一段段故事，觸發一波波的思考與對話。

如果，平衡的工作生活態度是為人也為己，那我們理想的空間經營思維就是既流動又在地；既展演團隊主體的價值取向，又放寬空間載體的多元涵融；自嗨的時候不求人人誇，互動的時候都是好鄰居。這篇文章回顧南機拌飯兩年多來的故事與思考，聊聊那些仍持續對話中的空間經營思維。

一 從空間改造計劃開始的團隊

二〇一六年初，來自不同背景的我們，因為共同友人牽線推坑，因緣際會聚集到萬華這處老社區的地下室。南機拌飯所在的社區，是五十年前落成的南機場整建住宅的第二期整宅，主要用於安置當時因都市發展工程而被拆遷的違建戶。建築特殊的中庭低陷設計，使地下一樓能獲得自然採光和空間透視感。地下室這側，起初設計是有上百個攤商的傳統市場，只是隨著時代變遷，熱鬧不復，多數空間荒廢了好久，於是市政府在二〇一五年結束原本傳統市場經營，轉而標租尋求活化。

1 培根是「培力草根」的縮寫，培根市集每隔數月在萬華不同特色的地點舉辦，第一次（二〇一六年十一月二十七日）與第二次（二〇一七年四月九日）皆是在南機拌飯舉辦。

探勘時，我們一邊觀察地下室內凌亂私接的管線與斑駁掉漆的柱面，原本攤位排水溝之間已堆積許多雜物或停放車輛；一邊走到外側環顧五層樓高、回字型的密集住房，這一大圈建築有著褐色瓷磚的外牆，並交雜著各色的鐵窗，鑲嵌宮廟燈籠與古早招牌，圍繞著中庭的綠樹與靜謐，彷彿城中城自成一格，展現某種老台北的社區風情。那天同行有成員發出驚歎語氣說：這個空間超酷的！

現勘到一段落，我們也圍成一圈，分享各自正在摸索的興趣領域和議題觀點，交流還不太成熟的實驗構想與行動計劃，或許，可以合作，支持彼此想嘗試的事。牽線友人說市政府這幾年有街區活化的政策預算，鼓勵民間再生閒置空間、活化老舊社

圖8.2
南機拌飯的精神牆，右側牆面說明空間故事以及哪些單位合租共用，左側牆面是地下商號，展售地下合作社重視的議題相關書籍與文創小物。（圖片來源／地下勞動合作社）

圖8.3
忠恕社區中庭景象。（圖片來源／地下勞動合作社）

區；建議我們認真約場討論，組織團隊去提案，專案裡的部分經費可用於改造空間並支付幾個月的租金。

團隊的網絡形成來自兩組社群關係。做為主要發起人，我在二〇一五年組了一個讀書會，共讀《真實烏托邦》、《叛道》、《社區設計》等書，結識幾位創辦社會企業或從事社區營造、自主行動能量破錶的工作者；同時另一方面，我也參加台北市社造培訓課程的實習分組，遇到幾位對社會創新也充滿好奇的朋友。他們對社區共享、社群共好的生活實驗感到興趣，雖然是忙碌的上班族，心裡卻常有些行動構想，躍躍欲試。

就這樣，沒有太艱深的問題意識或動人的緣起故事，只因為對打造一處社群基地的共同想望，團隊成型了，然後爭取到街區活化專案的經費。至於，具體策略進程的共識可就沒這麼容易成型。自二〇一六年四月底第一場的前導試行活動起算，前半年是段曲折的摸索過程，試行、對話、反覆釐清。改造廢棄的空間後，一方面企劃活動來增加與居民的互動，執行專案原定的社區營造計劃；另一方面則是慢慢討論，讓共同承租經營基地的大家持續醞釀組織其他計畫的想法。

從空間經營到社區營造，我們都想錯了

當時與市政府合作的專案，包含空間改造預算與半年的租金水電，以及一些活動企劃費用，共同架構出南機拌飯前幾個月的活動項目[2]。我們討論企劃時常互問：「社

2 台北市都市更新處提供的初期經費，及其創新的社造推動政策，對南機拌飯形成強力的支援；此外，我們也陸續獲得行政院文化部、台北市社會局、北區扶輪社等單位補助，一併感謝。

區」到底是什麼？吸引樓上居民來地下室空間活動是空間經營最重要的事嗎？這種邏輯和社區營造的關係是什麼？

剛開始企劃共煮共餐與手作課程時，討論到所謂的「目標族群」，團隊會用二分法去設想「社區居民」與「外部社群」是兩種目標對象，據以討論行動策略。我們本來的定義中「社區」有組地理範圍，同時指涉小圈（忠恕社區／南機場第二期整宅）至中圈（附近的里）至大圈（南萬華中正生活圈）的同心圓，然後設想所謂的「在地人」便是住在這組同心圓中的居民；另把其他透過網路宣傳與工作者自身網絡（例如社規師同學）而來的歸類叫外部社群（通常偏年輕）。前三個月的活動記錄還花心思區辨參加者是屬於哪一種，糾結於檢討某幾次活動是不是辦得「不夠在地」。

隨著認識的人越來越多，發現一樓宮廟前固定泡茶聚會的那群看起來都很在地的阿姨叔叔，過半不住在這個社區，甚至住得比我們還遠；社區內某間二十年老店的老闆夫婦，外來租店做生意，但熟悉社區許多事；真正住在忠恕社區樓上的某位年輕小姐，聊到如何得知活動訊息時，說是看到臉書粉絲頁就有興趣，反而不曾留意每天經過的樓梯佈告欄上的南機拌飯宣傳，平常也少在社區串門子。

換句話說，同在這個社區中生活的各類人們並不一定都是住戶，而某些住戶又比常來的訪客對社區陌生，可見起初的二分法很有問題。我們花了一番功夫辯論策略方向，然後嘗試一次將本來設定邀請社區居民的共餐活動，改成主打串聯社群夥伴（透過網路臉書邀約熟絡的團體及其社群友人），意外地，共餐時發現其中有些人就住在南機場地區，甚至一位年輕媽媽就住在附近轉兩個彎而已，後來成為南機拌飯的重要支持志工，協助開展新一波蒐集剩食與送餐行動。

其實，由於建築格局開放且租戶比例又過半，在忠恕社區生活穿梭的人們形形色色，而南機拌飯也像社區裡的宮廟一樣，不斷吸引感興趣的人進來這裡。我們重新思考經營基地的多重目標，不再二分簡化，而是細緻地思考各種層次的活動目標與溝通策略，重視與不同使用者族群交流互動，發展多樣的空間經營價值。

練習當一個熱心參與社區互助的鄰居

「這個空間在幹嘛？」不知道其他重視在地性的空間經營者，會花多少時間去釐清與在地社區的關係，以及怎麼生出簡化說法，讓社區居民對這個問題能概略理解。對南機拌飯而言，起初也有過一段時間被居民視作市政府派來進駐的單位。

由於我們初期本著好奇心與企劃需求在忠恕社區及周邊進行基礎的田野工作，過程中常有些對話，像是詢問瞭解居民怎麼看待社區中的某些問題，過程中我們也自然會回應一些想法，提議也許未來可以合作推些什麼小小行動來動員與改善；加上團隊成員有幾位是來自社規師課程學員，也確實與市政府的都市更新處有專案合作（空間改造活化、弱勢家戶調查等）。於是，南機拌飯空間和成員剛開始曾經被許多居民或其他來訪交流團隊，誤認為是某一種類似「社規師工作室」的角色。

所謂社規師工作室是市政府委託民間團隊經營一處社區空間，主要業務有：計劃性開放時段和籌辦活動創造互動、系統性搜集民情並分類回饋至施政、研究地方議題並協助該區的政策溝通等。但這不是我們團隊的緣起故事，也不是空間主要價值目標。面對部分居民疑問，我們也有點困擾；甚至第二個月時團隊內部曾有夥伴也誤會質問，是否南機拌飯不適合舉辦和本地社區營造無關的自嗨好玩活動？

直到有次出租空間給其他單位辦活動，但椅子數量不夠，我們向社區發展協會商借，本來很不好意思提問，因為覺得這場活動是南機拌飯自身營業的小收入，而非為了社區辦活動。沒想到協會幹部倒是很自然地說，「就借呀！」社區裡面好幾間做生意的鄰居，本來就常常互相幫對方一些小忙，臨時借用生財器具，或是介紹客人，那南機拌飯幹嘛特別見外呢。原來，社區鄰居並非只是期盼南機拌飯成為社區的神燈精靈，供人許願然後竭力改善社區問題。

這對我們是很重要的提醒，儘管空間經營希望具備社區共享的開放性質，儘管合作社的精神原則之一是協助社區發展，南機拌飯仍可以有，也應該有「經營團隊主體意象」，一種不是只為了當地社區而存在的、屬於團隊自我的定位。

隨著改造與街區活化專案明確地在二〇一六年下半年結案，我們也完成集資，籌組未來共同接案與互相支持的勞動合作社，慢慢才發展出一種容易解說的版本：南機拌飯是我們這群企劃工作者共同承租經營作為工作室以及辦活動的空間，也規劃一處展售牆。向居民如此介紹時，若再加幾句自嘲生意不太好或洽談新專案不順利，更會大大拉近距離感，因為「做生意」的說法更貼近多數人生活經驗裡容易理解的模板。至於舉辦什麼活動與實驗計劃，則由共同經營的社群自然醞釀產出，總能自然與附近居民的需求有所交集，但並不謀求全然契合所在社區內居民的需求。也因此南機拌飯並不追求成為社區營造教科書經典案例。

換言之，南機拌飯慢慢學會不適合一味自稱「駐點執行社造」或「在這投入社造」，那樣的行動架構讓空間裡其他類型活動顯得突兀，讓居民搞不懂地下室這群年輕人在幹什麼。真正適合團隊與空間的意象應該是：南機拌飯就是「社區的共同生活者」，就像社區一樓某小店與宮廟，既忙於自家生意也擔任社區營造的一分子。

更直覺地說，南機拌飯就是社區的成員，常獲得鄰居的包容與幫忙，我們也希望當個進擊的熱心鄰居。就好像雜貨店和理髮店會幫隔壁顧小孩、賣餅乾阿姨會幫低收入的鄰居多煮一餐、懂水電的大哥幫社區修抽水馬達；我們則喜歡揪人一起行動（俗稱社造），例如設計遊戲課程找小朋友來玩、每週煮飯送餐一次和幾戶長輩互動、找樓上住戶發起社區募資行動改善社區共同財務，因為公共環境的好壞也直接影響到我們呀。只是差別在，部分行動的部分階段，爭取到政府社造政策資源，而有部分經費

圖8.4
平時每一兩個月南機拌飯會舉辦社群聚餐，夥伴們各自邀約，通常是一人一菜形式，順便看電影、玩桌遊、酬謝志工、歡送夥伴、交流情報等。（圖片來源／地下勞動合作社）

圖8.5
每月小家電互助維修活動。（圖片來源／地下勞動合作社）

可以邀集大家一起來做得更多。

團隊重新定位，不是只把社區當專案目標的工作者，吃苦過勞耗損生活、犧牲奉獻投入工作；而是能怡然自得、自發樂趣地在此工作與生活。除了像企劃工作者那般，重視資源連結、時程規劃、宣傳溝通；也像一樓幾戶人家常在門口泡茶聊天那般生活，我們不時揪人在南機拌飯看網路影片共學做甜點、到夜市買滷味飲料搭配投影看球賽、共煮聚餐看電影聊天聊議題，聊聊新舊朋友們的興趣與生活。

合作連結，開展共享生活的新實驗

南機拌飯空間可以發揮哪些使用價值？與誰合作？為誰經營？我們並沒有從頭精心規劃好一份空間經營企劃，或一套商品定位策略（把空間當作商品的那種策略）；只是務實地細數自身僅有的條件，釐清空間維運的必要成本，在社群共享基地的大方向上，透過各種合作來連結可能的支持與資源，展開一次次實驗。

二〇一六年年中，初步整平地面與加裝照明之後，綠點點點團隊在南機拌飯舉辦手作課程和木工活動，開始讓更多人認識到這處空間再生了。三位在南萬華長大的年輕人，透過網路注意到小時候常經過的地下室，現在變成一個酷酷的實驗基地，就特地過來看看，並與我們團隊交流認識。聊到綠點點點在大安區小白屋有一處社區修理站，三位年輕人表示他們大學念電機相關，參加服務性社團，組隊前往國宅幫老人家檢修小家電，有意願在南機拌飯也試著合作「小家電檢修活動」，幫社區居民修理，讓只是些微故障的小家電再生，減少好物浪費，增加人際互動。

我們馬上請綠點點點的夥伴加入詳談，籌措需要的基本工具與零件備料（第一批主要從小白屋借調共享），盤算未來可能的費用，例如有些零件更換需要另外購買；然後敲定了七月下旬的週末舉辦第一次「小家電檢修活動」，三位年輕人擔任修理志工，南機拌飯的夥伴負責企劃活動、宣傳與受理登記報名。可能因為太少有店家受理檢修小家電，或是因為基本檢查與簡易維修免費，附近居民登記修理電鍋、電風扇、收音機、吹風機等相當踴躍，共二十多件物品。好多位老人家與大哥大姐喜歡這種惜物再生的做法，開始將南機拌飯口耳相傳給更多鄰居。

第一次活動的好評給所有夥伴很大的鼓舞，於是大家決定以後每個月都找一個週末來舉辦，至今已兩年連續二十多場次，成為南機拌飯被附近居民認識的主要原因之一。每次除了需要另外購買零件的代收款之外，我們近期開始放置自由回饋箱，並在旁規劃分享資訊，包括每次收受捐款徵信、購買零件與工具的花費、保留的共同基金、分攤場地維護費等，財務資訊怎麼呈現分享還在摸索中。大致上已慢慢可以用每次平均幾百元的自由回饋捐款，分攤每半年需要增補的工具與零件花費，甚至是以微薄的方式回饋場地電費，我們需要更細緻設計與引導這裡面的社區小經濟，讓社群共好的循環成為彼此有共識的共享文化。

此外，除了開始的三位年輕人，慢慢吸引到更多也有興趣動手拆解與修理小家電的朋友，從自帶物品來請教怎麼修，變成當志工幫老人家修，也就是整個活動逐漸發展成「互助」維修站。小家電檢修固定在週六下午，南機拌飯空間可能剛好也有廚房課程，或有時隔壁賣雞肉的阿伯會炸兩大盤雞塊來分享（阿伯也曾送修收音機），也有次是樓上一位媽媽燉了越式牛肉湯搭配麵包送大家吃（她兩個小兒子常跑來南機拌飯玩鬧嬉戲)；加上二〇一七年底開始，活動結束後，傍晚大家就地聚餐，有時附近住戶會帶菜來共餐(有廚房很方便)，空間中各種繽紛，讓小家電檢修不只是單向的熱心助人行動，更是呼應南機拌飯社群基地的價值取向，一種共享互惠的生活實踐。

另一個附近居民對南機拌飯的主要印象是每週的社區食享與送餐。起初是二〇一六年空間剛改造活化，希望增加使用，籌辦了幾次邀請居民或友好社群共煮共餐的夜間活動，認識了好幾戶人家、宮廟志工、雜貨店阿姨等，以及其他組織團隊的新朋友。後來有夥伴提議利用社區廚房關心獨居或經濟困難的社區長輩，與經常蒐集食材的人生百味洽談後，消息輾轉連結到萬華直興市場的攤商、貴陽街區協會、啟步走共享私塾、夢想城鄉協會、社區實踐協會、萬華社區小學、芒草心協會、向陽會所等附近的社造團隊與社工組織，大家聚集到南機拌飯認識與商議，敲定了「社區食享」計劃。

社區食享計劃從當年九月底開始，由南機拌飯統籌跨組織的夥伴人力，每週四接近中午時前往距離南機拌飯約七分鐘車程的直興市場，透過當地長大的甜不辣攤商大哥號召，前往五或六個攤位，蒐集當日未銷售完的食材或熟食(也有部分是老闆特別捐贈的)，載回南機拌飯理貨。各團體與幫忙的志工將食材分裝十幾袋；社福機構帶回與服務案主共煮或用於其他方案；人生百味團隊留做為石頭湯共煮活動使用；南機拌飯分送幾袋菜給樓上家裡有需要的幾戶，並留下一些食材作為隔日社區廚房準備便當使用。

到了隔日週五，基地夥伴與志工媽媽從下午三點開始料理，製作十到十二份便當。這個送餐規模兩年來尚未特別擴大，而是配合基地夥伴與志工人力的可投入程度，維持在負擔壓力較小的鄰居互助感。隨著關係建立後多次邀請，兩位身體健康狀況尚可緩步移動的高齡長輩，本來在里長建議送餐名單上被標注為「需關懷」，變成直接來當志工幫忙理貨分菜，或是自己帶便當盒過來裝飯菜；照顧失智長者不便出門的阿姨，喜歡請我們吃麵包喝飲料；坐輪椅的奶奶常回贈我們水果；而拾荒維生的阿姨，則熱心幫忙南機拌飯做資源回收。透過食物分享，社區裡增添更多相互關心。

從每月互助維修到每週社區廚房活動，南機拌飯的定位與思考，總強調自己不是來輸送服務的社福機構（但有時會合作轉介），社區也不是只充滿需要被照顧的長者與弱勢，大家彼此各自有不同背景、不同優勢、不同劣勢、不同需求。比起如何「做深做大」的弱勢照顧服務，南機拌飯更常思考的是，能「和大家一起」做什麼呢？

上｜圖8.6　每週從直興市場搜集來的食材，在南機拌飯由志工們協力分裝。（圖片來源／地下勞動合作社）

中｜圖8.7　某次社區廚房烹煮時段因為南機拌飯內側有改造工程，將爐火與設備暫時移到外側空間，意外變成豪邁的超開放廚房，吸引眾人圍觀。（圖片來源／地下勞動合作社）

下｜圖8.8　培根市集時南機拌飯的攤位販售樓上阿姨包的粽子和自製冬瓜茶，那位阿姨有時也來社區廚房幫忙煮便當菜或是開課教學。（圖片來源／地下勞動合作社）

回到當年社區食享的協力網絡，還有另一段精彩的合作故事。協力網絡內的各單位多是萬華在地經營、重視社區草根精神的組織，在社區實踐協會與萬華社區小學的擴大召集下，發想在萬華幾處空間巡迴籌辦聯合活動「培根市集」，二〇一六年第一場便選定了彼此熟悉、已合作一陣子的南機拌飯空間。其實，當時南機拌飯地下室空間的動線、照明、設備等硬體環境對於舉辦目標五百人的半天市集，並非面面俱到，而是問題重重。不過，聯合籌備的大家，幫南機拌飯想方設法，一起整理場地，克難地在十一月完成了第一次培根市集[3]，正是因為看重這處社群基地的特殊「社區味」。

開放空間的經營實驗是場未知的冒險

南機拌飯草創時，曾有夥伴分享「第三場所」（Third Place）概念作為開放空間經營實驗的參考方向之一。該概念由社會學家雷．歐登伯格（Ray Oldenburg）提出，理論上是指住家與工作場所之外的第三個場所，作為社交對話或心靈休憩的場所，甚至是沒有特定目的的聚會場所，具備「隨意、自由與開放」等特性，反思生活空間過度私有化與商業化的問題。南機拌飯的現實經營距離理論概念或許還差很遠，但有一點最接近的是，南機拌飯比不上現代商業空間那般乾淨整齊；相反地，空間裡適度的隨性雜亂，給人一種社群好友的溫度與溫馨感，倒是符合第三場所的理論概念，為城市所需的多樣性增添一處溫暖的角落所在。

社區小朋友本來就會在樓梯間或中庭花園嬉戲，但很少進到舊市場閒置後陰暗的地下室區域，直到南機拌飯空間創造了新的場所氛圍，幾群約莫六歲到十二歲的小朋友們，開始下午或假日會跑來嬉戲。其中有幾對兄弟姊妹，父母親有的也互相認識。不論我們是否剛好人在基地，家長都放心讓孩子過來玩耍，也因此，工作室有時會被弄很亂、黑板各種塗鴉、玩具散落一地（有批玩具來自社區廚房志工媽媽捐贈）。

二〇一七年初，我們一位夥伴對陪伴孩童學習與帶領小團體有經驗與熱忱，開始規劃了幾次系列課程活動，找其他社員夥伴與志工協助，到二〇一八年共計辦過五個系列近五十場次的課程活動，近半的執行成本來自幾筆零星經費，其他一半則是合作社與志工協力投入。

除了平時就常來的小朋友及他們邀約的同學，南機拌飯也在社區招生宣傳，大概二十幾戶有小孩的家庭曾經來參加過活動。每場次人數從三、五位到十幾位小孩連同家長參與都有，活動主題有模擬小小社區委員練習認識生活環境問題，引導小朋友進行簡單的幫忙打掃與發傳單；也有透過工作坊讓小朋友實作模型，模擬管理小小社區城市；或共學製作簡易的甜點和手作用品；或外出認識隔壁社區內部環境，參訪附近的警察局、文化空間；至於最熱鬧的，當然是玩樂活動、互動式表演，以及有次隔壁社區協會的青少年來南機拌飯進行手機遊戲競技比賽，相當趣味。

有次課程以尋寶遊戲帶領年紀小但活潑好動的幾位孩童，認識南機拌飯空間的物品擺放，學習資源回收和垃圾處理，加上帶領人的耳提面命，平時常受到小朋友席捲

3 第一次培根市集於二〇一六年十一月底圓滿結束；同年十二月南機拌飯開始第二波的空間改造工程，感謝當時台北科技大學建築系的黃駿平、巫俊霖，與中原大學室內設計系的薛宇恩、袁苡溱等同學，以畢業專題投入協助空間改造設計與施工、木工製作，促使二〇一七年四月第二場培根市集在南機拌飯籌辦時，硬體環境能更趨完備。

弄亂的空間環境，變得稍能維持整潔，大概成功維持了一個月吧。有幾次太誇張的髒亂情形，社員會拍照傳到Line群組（由小朋友與家長組成）提醒大家，空間需要所有使用者共同用心維護，這樣的提醒差不多也能成功維持一個月整潔吧。不過，有次合作社沒人在南機拌飯，卻意外有訪客，倒是樓上幾位小朋友剛好在這玩耍，竟然幫忙介紹南機拌飯，以及打電話通知社員，儼然也是幫了基地空間一個小忙。

除了小朋友，有一次門口突然出現兩箱鳳梨，不知是誰捐贈給社區廚房，但是數量過多，我們反而費心分送處理。還有一個故事更有趣，社區廚房的志工媽媽曾帶了一瓶自己在家釀的水果酒要來與大家分享，當時剛好夥伴都不在，她就直接將簡易的玻璃瓶裝酒留在桌上（沒留字條）。過了三天，我們抱怨桌上怎有瓶紅茶放這麼久沒喝又忘了丟，視作過期飲料想處理掉，倒進水槽時一陣酒醋香氣撲鼻而來，才想到上週五志工媽媽有說要拿自釀水果酒來分享，哎呀竟然被我們誤會倒掉了！真是對人家的熱情很不好意思。

有時候，我們會煩惱這個管理邏輯有待加強的空間，怎麼要求其他使用者配合，不要弄亂弄髒或造成意外損壞。我們以為是我們在練習包容他人，例如會議或活動時遇到小朋友來玩耍吵鬧（還有好幾隻社區野貓）；但其實其他使用者也在包容經營團隊，讓我們練習怎麼回應每一份熱情心意，摸索到底怎麼經營這樣的開放空間。社群共享基地對於經營者和經常使用者，都是一連串的社會互動學習，一段未知的冒險。

一結語

不論哪種冒險，在台北經營一處空間往往財務負擔吃重。南機拌飯的場地租金從一開始的每月四萬元到近期的每月三萬六（因共同承租團隊變動），加上水電瓦斯與設備維管開銷，每月空間成本約四到五萬元，若加上繁瑣吃力的勞務成本以及例行活動的小額支出則約六到七萬元。兩年多來的經營模式，大約是地下合作社負擔總成本的一半，另一半則由共同承租團隊、場地活動收入、政府補助款、其他小額銷售與贊助捐款來支應；經常來聊天同樂的志工媽媽，喜歡這處空間的自在感，相處了一年多之後，開始每月定額贊助，分攤營運成本，這個小舉動對我們是相當大的肯定。

地下合作社的社員們，將從事專案工作的營收結餘，共同提撥負擔南機拌飯的空間成本，這樣的操作其實超過簡易工作室租金成本許多，對收入不高的夥伴們是一種特殊的取捨。因此，從在地社群來看、從關心議題來看、從社員理念來看，怎麼看待南機拌飯的空間價值與意義，是團隊持續在對話與辯論的關鍵。

至於其餘成本怎麼分攤，我們常思考，號稱社群共享的實驗基地，如何建立多元的經濟支持架構呢？其中固然包含常見的「空間規格化與商品化」，但不應簡化以為只有此一經濟理性，而是應追求能涵融多樣關係人的策略組合；不要只想著這空間有什麼價值適合商業化銷售，更要思考這空間之所以有價值的支持架構，還有什麼面向？志工與支持者社群如何經營？設備與物資如何共享取得？某些活動的自由回饋機制如何設計？而與政府的協力模式又是如何？種種策略我們都還在練習，都很困難；但我們若想生活在一座共融的城市（Inclusive City），就值得努力繼續實驗。

9

〔同住共居〕台北玖樓共生公寓

潘信榮——文

教戰守則

- 共享、共創、共生：藉由價值與經驗的分享，彼此創造出更好的想法，進而打造更好的生活。
- 線上與線下共同經營：需熟悉各種網路社群的管道及操作，非僅視為宣傳的單向通路，線上與線下的互動往往是交織的。
- 設計人們易於參與的機制：重視普遍高工時與過勞、且流動性高的都會社區特性，以人類學家的觀點、服務設計師的角色，架構出符合居住者生活需求的機制（但保有彈性）。

9FLOOR CO-LIVING APARTMENTS, TAIPEI

「所謂住宅，並非只是一個將人的肉體放進去裡面過日常生活的容器，它必須也是個能夠讓人的心安穩地、豐富地、融洽地持續住下去的地方。」

——建築師中村好文《住宅讀本》

故事起源於二〇一五年，我與幾位夥伴共同創立了一個叫做「玖樓」的組織，我們稱它為共生公寓（co-living apartment），目的是想在租屋環境不友善的台北提供一個適合青年生活的空間。玖樓的運作項目，包含空間的輕裝修、物業管理、室友媒合，以及室友入住後的社群經營。會開始這樣的事業，事實上不是什麼嚴謹的創業計畫，僅僅是自身的生活經驗與需求。在二〇一五年之前，就如大部分在台北工作、唸書的青年們一樣，我們只是與幾位朋友合租公寓，唯獨不同的是我們重新簡單改造了客廳空間，使之成為方便唸書、工作、聚餐與活動聚會等具有某種程度公共生活性質的空間，並且我們將臥房出租資訊放上網路，招募有相似生活方式的室友。

出乎預料地，我們改造的空間在網路上大受歡迎，第一間房間就達到數千次的轉貼，入住申請蜂擁而至。我們才意識到，這樣的居住風格，或許不只是自己與幾位朋友的小確幸，也反映了某種程度的市場需求或者社會狀態。我們對這樣的現象感到好奇，我們也發現，原來類似的居住型態其實在國外已有一定的發展脈絡，例如日本在二〇〇〇年後所發展的share house、中國近五年來年快速成長的長租公寓，以及二〇一三年左右開始在歐美地區由共同工作空間（co-working space, hacker space）所延伸出現的co-living space。目前（截至二〇一九年五月），玖樓從幾位朋友同居的規模，拓展到三十間公寓、一四〇個房間，約一六〇位居住者，前後約五百人次居住過的小型社區，除了公寓形式之外，也有整棟獨立形式的空間，包含一棟在萬華的老旅社翻新，以及一棟與台北市政府承標的眷舍，以及與新北市政府合作的青年住宅管理案，預計帶來更複合式且開放的社群空間。在三年的行動／經營之中，我也經歷了三個主要的階段及角色的轉換，從一開始作為無殼蝸牛的無奈，到身為房東每日要處理房客的各種大小事，再到一個經營者接觸到產業面向的視野與思考。

正由於房屋出租對於多數長輩房東們都是一件吃力不討好的事，各國便逐漸形成專業代管或是品牌公寓等規模化的服務。截至二〇一七年，全中國長租品牌公寓房源約一五〇萬間，約占全中國租賃市場百分之二[1]，已進入百家爭鳴的競爭市場狀態，進而帶動整個產業鏈的發展，諸如雲控系統、第三方支付繳水電及房租、房東專屬規格的保險服務等。而從房市泡沫化後、已發展專業租屋產業二十餘年的日本，光是最大規摸的大東建託這一家公司所管理的房源數就近一百萬間，日本信義物業管理株式會社管理部部長樋口和人表示，二〇一三年日本總務省調查東京都租屋率逾五成，約三〇六萬戶，其中透過專業租賃公司招租或管理比率高達百分之七九．五[2]，更凸顯了台灣租賃產業的落後與不足。

若再聚焦於透過公寓公共空間的共同工作、共食聚餐、社群交流，一群人住在一起的方式，則可以回溯至六〇年代北歐的共

圖 9.1
玖樓公共空間的標配之一便是可工作與聚餐兼具的大桌。圖為與「新北市青年社會住宅」合辦社造活動之情況。

同住宅（co-housing）。從學理上的爬梳，陳怡伶（二〇一三）認為共同住宅是從女性主義的空間批判所開啟的設計方式，從家的內部開始到社區以及整個都市的重新設計，目的在於減少女性的家務，將許多養老、育幼、打掃、煮食、維護的工作變成公共的事務，藉由社區或公共的服務來解決，並思考在每個層級中做特別的空間處理，既可以保有私密、但又享有社區的共同生活[3]。在家裡，每個人都擁有一個自己的空間，但家內部的設計鼓勵家人可把家事變成一起參與的共同活動（陳怡伶／二〇一三）。歷史上所發展的共居型態，多是建立在「家庭」單位上、並且經過很長時間社區培力所形成，而對比於此，玖樓在想的則是，如今面對多元型態家庭／高度流動社會是否也有機會形塑出另一種共同居住的可能？

1 資料來源：《中國飯店協會：二〇一八中國長租公寓市場大數據分析報告》http://www.chinahotel.org.cn/ChoiceOSP/upload/file/20180411/64471523379495097.pdf

2 https://money.udn.com/money/story/5621/2656160

3 資料來自Joan Forrester Sprague在1991年所寫的：*More Than Housing: Lifeboats for Women and Children.* Butterworth Architecture出版頁46，轉引自陳怡伶（二〇一三）。

表9.1 | 全球不同類型的共居型態。筆者整理

	發跡年代	主要發展地區	發展關鍵	特色
Co-Housing	1960	歐洲及北美、日本郊區與鄉村地區	公社性質的合作社彌補社會福利的不足、團體理想生活的實踐	郊區、家庭式、自立營造、NGO或合作社模式
Share House	1990 外國人專門 2010普及至日本大眾	都會區、郊野度假區	日本租房制度複雜、成本高外國人租房不易背包客、交換學生逐漸盛行	國際交流、社群互動、公司化管理
Co-Living	2013	都會區、郊野度假區	互聯網 自由工作者與數位工作者	社群互動、 工作與生活結合 人脈與資源串連
長租公寓	2010	中國一二線城市	互聯網、北漂廣漂等青年移入人口	強調智慧化、線上管理、青年於異鄉的社區

共同居住空間（Co-living）的面貌與特徵

整理三年來玖樓經營的經驗與觀察，包含許多室友的反饋、國內外相關組織的參訪等，筆者認為共同居住空間主要有以下四項特徵及面貌：

▼一、工作形態的轉變，工作即生活：居住空間與工作空間的結合

Co-living .com[4] 創辦人貝克（Daniel Beck）於二〇一六年底來台時，與玖樓分享了他創立平台的初衷：「二〇一四年我在矽谷短暫停留時，在Airbnb上找到了一群Hacker聚集的公寓。那個公寓的公共空間可以共同工作，然後房間提供這些數位工作者住宿。我當時對這樣的空間概念很感好奇，因為它跟以往的民宿不太一樣，有更強的連結與活力。於是我便開始搜尋相關的空間案例與資料發現不少類似概念的空間，分佈在各個城市甚至度假小島[5]。因此便在二〇一五年底建立了coliving.com，希望建立一個專門提供大家搜尋這類型住宿空間的平台。」

目前玖樓的居住者中，學生與非學生的比例大約是三比七、台籍與非台籍比例約七比三，以二十五到三十五歲為多數，剛畢業的工作者則以自由工作者及自雇者占了最多數，兩者相加約占了百分之二十，其次為工程師及商管類上班族，第三則是醫生、公務員、服務業以及劇場工作者。玖樓室友的職業分佈，呼應了co-living space在歐美發展的脈絡，以自由工作者及創業者需求為出發的住宿服務。

「自由工作者在哪邊都能工作，台北相較於香港物價較低、生活相對舒適，即使

在這邊租一個房子加機票來回也比在香港租房便宜。」

——香港軟體工程師、大安公寓室友

「我和男友目前為Freelance Designer我主要在做平面視覺設計而他則專注在動態影像設計。由於工作型態的關係空間似乎就是我們生活的全部，是住家也是辦公室。」

——玖樓申請者

▼二、跨域的多元文化經驗

網際網路所帶來的另一項特徵則是全球化的移動及人脈網絡。雖然卡斯特爾（Manuel Castells／一九九六）在《網路網路社會之崛起》一書中，曾指出全球化的資訊社會超越了社會文化邊界，但這種國際文化認同只與中高管理階層有關。然而，卡斯特爾九〇年代的分析或許低估了網際網路發展的力量。二十多年過後的二〇一〇年代，被視為廉價勞動力輸出的打工度假（working holidays）或是以學生族群而言特別盛行的交換學生，其國際經驗的門檻早已不若二十年前需要傾家蕩產、競爭激烈的留學生年代。又或者更精確地說，背包旅行與壯遊的盛行，以及許多志工交流等機會，比起過去出國就是要拿「文憑」、「賺錢」的年代，千禧世代追求的更偏向非功利導向的生活「體驗」。這樣超越地域的文化認同，或許不見得是全然網際網路的因素，但可

4 創立於二〇一五年底，為世界上第一個以co-living為主題的網路平台，旨在提供數位與自由工作者找尋世界各地的相關空間。

5 例如峇里島等度假勝地有專門給數位工作者的co-living space，許多人便帶著案子在島上待上數個月。

確定的是跨文化經驗已跨過傳統定義的「中高階層」。玖樓的不少申請者在填寫入住動機時便會提及在國外生活或交流的經驗。

「把不同領域的人聚在一起〔…〕分享生活的一切，這讓我想起曾經當過國際志工的那段日子。」

——玖樓申請者

「之前在德國交換過一年，在德國與室友一起生活的經驗很好，另外房子的狀態也都很不錯，室友也都非常珍惜愛護自己住的地方。只是回到台灣之後遇到的室友比較像是把租的房間當作一個臨時的落腳處，感受不到生活在家裡的情感，對於生活環境也不是那麼在意。」

——玖樓申請者

「一開始純粹是想複製自己在柏林租屋的模式，兩個本國人、一個外國人。外國人省去各種短期卻要買傢俱的困擾、本國人則分到一點補助。此外還在生活中慢慢磨合。在柏林的時候我得以從日常，觀察柏林人的生活細節、在台北則看盡第一世界白人在東亞四小龍之末生活的各種趣事。那時候我的人雖然回國了，但靈魂還沒有完全抵達台北。所以龍哥（後來的室友）一開始就讓我印象深刻，高學歷、奇怪的人生體驗，不高不富但帥，更重要的是說話時瞳孔裡充滿著熱情，像

圖9.2

與One-Forty合作，在公寓不定期舉辦印尼共餐交流活動。

是在柏林見過的一樣。」

——玖樓室友

▼三、城市疏離感及社會結構轉變下的產物

「一個人上來台北工作後都是一個人住，每次想找朋友一起總是因為各種因素無法合住，再加上隨著年齡增長朋友圈逐漸固定，想尋找新的朋友與增進自己的朋友圈。」

——玖樓申請者

成立於二〇一二年初的「七〇六青年空間」，位於北京最具年輕活力、號稱宇宙中心的五道口，是中國第一家以共同生活為出發同時也發展相對成熟與活躍的青年共同生活空間，創辦初衷便在於希望透過公共空間來營造都市青年的歸屬與認同。共同創辦人程寶忠提到，中國快速的城鎮化發展加速了大量人口往城市的遷移，而人口高速的流動也讓人與人的關係難以建立。同時，七〇六更留意到，因著中國高等教育的產業化，大學的數量以及招生規模大幅增加，然而高校傳統的教育模式以及管理方式，並沒辦法提供從各地來的學生有足夠歸屬感以及公共交流的社區空間，學生畢業之後，更成了「北漂」、「廣漂」，少了校園生活的連結，在茫茫大城市中的水泥叢林裡求職，加上工作與經濟壓力，人際疏離的問題便更顯嚴重[6]。

再以人口結構變化比台灣更為嚴峻的日本為例[7]，在過去的三十多年裡，日本的

6 中國社會組織《社會創新評論》第五十六期，二〇一五年十月（下）

7 山田昌宏：日本家庭將走向何方：多樣化？還是虛擬化？http://www.nippon.com/hk/column/g00347/

家庭模式發生了巨大變化，從三代家庭轉變為單人家庭，現在卻有五分之一的人口獨居。隨著未婚、離婚、喪偶、孩子離家等，二〇一〇年，日本獨居戶一六七九萬戶，已超越傳統的核心家庭（一四七七萬戶），成為最主要的家庭形式[8]。根據日本「國家人口和社會保障研究所」二〇一七年的報告指出[9]，到二〇三五年，單身住戶將占日本家庭的近百分之四十。篠原聰子（二〇一六）在《共享住宅：擺脫孤立的居住方式》研究中指出，近年日本共享住宅激增，原因便在於單身者的增加。因著經濟泡沫，低房租住房需求成長，分享「宿舍」便於日本人間興起，甚至由於日本經濟衰落一直持續到了後泡沫時代的第二個「迷失的十年」，尋找合適的結婚對象變得越來越困難，這導致很多人開始重新考慮他們的生活方式，並試圖擴大社交圈。日本著名的Share House OAKHOUSE的官網上如此介紹到：「現在日本國內約有二萬至三萬間Share House，其中Share House主要入居者為單身社會人士較多。整體年齡多為二十五至三十五歲間的人口較多。」因此，共同生活空間在歐美被稱為「大人的宿舍」[10]，大概也是這樣的原因吧。

「我就在想為什麼學生時期有宿舍，出了社會就沒有類似功能的空間呢？上班之後所有生活圈只剩下公司，或許更需要這樣的空間，不然真的很無聊。」

——玖樓申請者

▼四、網路化的社區

如今人與人的連結無不透過網際網路。然而過去十幾年來，日常生活中的食、衣、行、育樂，皆與網際網路有關，唯獨「住」卻遲遲未有明顯發展。The Collective Old Oak[11]執行長詹姆斯分享到：「如今我們不一定透過我們書櫃上的書、自己的房間來表達我們是誰。相反地，我們用網路上的各種個人喜好，可能是iTunes的購買紀錄、IMDb的分類夾、Spotify的播放清單、Pinterest的個人收藏、Instagram上不論是自己的照片或者follow的主題……等等來表達我們自己，同時也透過網路連結一群相似的人。」而共同居住所做的事便是如何將這些網路上的特定一群人，連結到地面上的空間，這當中便是物聯網的概念：「人們透過網路連結到空間；空間透過網路讓一群彼此認同的人變成線下的鄰居、室友。」例如：玖樓便有德國室友在搬入前兩個月，人都還在德國時便先開始與玖樓討論住進來後要親自舉辦什麼活動、如何深入接觸台北在地的資源，以至於雖然他只住在台北三個月，但一開始便可以融入玖樓社群之中。而由幾個參與玖樓社群比較深的例子，也顯示其實居住時間三、四個月以下的短期室友，其參與程度不輸甚至更勝於半年以上的長期室友。

史丹佛指導新創的學者斯里尼瓦桑（Balaji Srinivasan）便指出Co-Living是「網路社群實體化」的現象[12]，因而傳統物理生活空間的疆界勢必有所調整以符合虛擬社群的實體化。以溫州玖樓室友們引起的廚藝競賽為例，便是因為室友頻繁、自主地將日

8《下流社會：新社會階級的出現》，三浦展，二〇〇六。

9 http://www.ipss.go.jp/syoushika/tohkei/Mainmenu.asp

10 https://www.remodelista.com/posts/the-adult-dorm-co-living-spaces-for-the-post-grad/

11 位於英國倫敦的co-living space，為目前世界單一量體最大的共同居住空間，有五五〇個房間單位。

12 https://www.citylab.com/equity/2013/12/one-answer-san-franciscos-overpriced-housing-co-living/7654/

常料理的生活紀錄分享至網路而引起廣泛討論，也讓大家好奇究竟在哪租房子可以有舒適、好看、適合下廚聚餐的空間，以及又怎麼找到彼此有共同下廚嗜好的室友們。此外藉著線上網友或申請入住者的互動，讓筆者得知原來一個堪用、舒適的廚房對於一班租屋族而言是多麼困難，進而廚房及共餐空間也成為玖樓公共空間設計的關鍵元素。

線上（on-line）與線下（off-line）的混雜交織，一直是影響並構成千禧世代生活經驗不可忽略的狀態。上述這些線下活動的關鍵便在於活動的紀錄，並且將這些紀錄藉由「自媒體」（self-media, we media）的方式分享至線上社群。線下社區受到空間與人力成本的限制因而成長有限，然而線上社區卻是可以近乎無成本、無遠弗屆地擴張連結起有相似想法與彼此認同的一群人。二〇一八年一月玖樓「線下社區」（住戶社群）的人數僅約一五〇人，然而「線上社區」（網路社群）人數卻超過三萬人，兩者之間的差距高達二百倍。可惜當今大多數對社區經營的理解依然將「人與人發生的場域」限制在實質的物理空間，忽略了現今網路空間如何影響、連結人與人之間的關係。

「社區指的不只是人們居住的場所，只要是能讓人與人發生關係的場域都可以是社區。」

——山崎亮，二〇一五

圖9.3
溫州玖樓室友們成立的Instagram帳號，分享日常一起搭伙共餐的照片。

玖樓共居社群的現況與挑戰

雖然在外界眼中會入住co-living space的人都是樂於交流、善於交友者。不過就玖樓經驗而言卻發現住客之中也高達近百分之三十在入住後便鮮少與他人互動，因此我們也必須更細緻來看待這樣的居住群體。以下以「分享」及「參與」兩大原則列出五個參數[13]來檢視住客在社群內活躍的程度。調查顯示約僅有百分之二十的室友屬於高度參與，另有約百分之三十屬於低度參與，低度參與的狀態大致上就是入住後就無聲無息者。而從這兩個極端類別裡面，我們也可以由下圖發現有趣的分佈，例如社群高度參與類別中有一半是外國人。相較於外國人在玖樓整體住客只占三成，高度參與的組成卻有一半是外國人，代表外國人參與度比台灣人高出非常多，而從低度參與類別中亦可相互印證的是此類別中有高達百分之九十是台灣人。而若由工作類型而言，自由工作者有較高機會是社群的高度黏著者，上班族則較可能是低度參與者。性別分佈上則男性是高度參與的比例大於女性，女

13
1. 活動參與：參與過社群活動、玖樓公開活動或是室友們私下的聚會，次數多寡不影響只區分有無。
2. 給予建議：是否會主動提供工作團隊運作上的建議、或是給予室友們生活上的建議、善於溝通。
3. 社群串連：如邀請朋友來訪、生活分享、打卡、樂於揪團等等。
4. 分擔家務或營造舒適環境：會主動追求更好的生活環境、自己妝點空間等。
5. 專長興趣分享：分享自己興趣或提供自己的專才如裝修、畫畫、音樂、煮飯等。

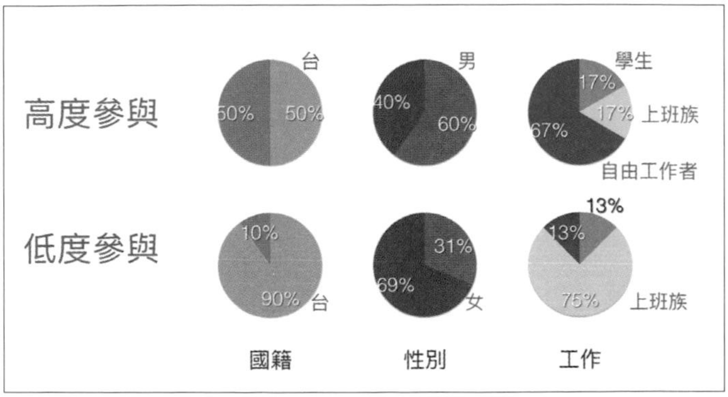

圖9.4
玖樓社群參與群像比例。

性則較可能是低度參與者。

不過參與程度的不同，與其說是個性差異，主要其實更關乎於可支配時間的多寡。可支配時間的多寡同時回答了為什麼外國人以及自由工作者的參與度偏高。以國籍分佈而言，由於來台的外國人難以取得工作簽證，因此以玖樓的客群而言，由於多數的外國人並不是典型的來台工作者，而是以自由工作者的型態以觀光簽證的方式來台，既然來台主要目的不是正式工作，因此自然會希望多花時間與地方社群接觸。反之，若是身兼要務來台工作的外國室友，其實參與度也不高，因此國籍分佈之差異並非歸因於外國人比較願意與人互動。

此外，在性別上的差異則是由於研究者所設定的評比參數所造成的偏差。事實上，若撇除評比的分數，相較於男性室友偏好參加公寓公開活動，女性室友其實更偏好的是公寓內部、或者一小群體的小型聚會。不少女性室友更傾向於兩、三個室友一起做菜、約吃飯聚餐，而不見得會特意地「舉辦」公開活動、抑或在生活環境的建議上面，她們也會傾向私下與對方聊聊的方式。因此，這樣性別上的差異便在研究者粗略的劃分下被忽略，事實上細緻而言兩性之間的社群互動密度並無顯著差異。

不同的背景與生活習慣當然也帶來相對的摩擦。不論是聚會擾鄰、水電費及清潔問題的衝突，或也曾有室友提出想要有選擇未來室友的參與機制……等等，事實上一個社群的認同感往往透過共同參與和討論社群制度的過程，形塑出不同社群的認同感及樣貌。山崎亮（二〇一五）便一再強調社區設計的關鍵之一便是「慢工出細活」[14]，過往傳統社區營造案例，其共同精神亦皆是「長時間的共同參與」。

然而，高流動性的社群如何長時間參與便是棘手之處。玖樓租客的平均租期大約

圖9.5
二〇一八年年度室友統計資訊圖

八個月至一年，大約有百分之三十到四十的居民居住時間是少於一年。居住時間短並非單純想換房子，而是由於學業、工作、新的計劃等等需要而前往下一個城市。因此，在玖樓面對社群公共事務的討論便曾面臨許多困境，如一間公寓因為清潔問題所延伸討論是否室友們要共同花錢請清潔人員定期打掃，然而原室友所合意的規則，卻不一定適用於新入住的室友。又例如：原本室友們傾向彼此分工排班打掃，但新入住的室友卻因為各種可能無法配合，而傾向外包給清潔人員大家再共同分擔費用。又或者會產生一個疑慮是，再三個月就要搬走的室友的意見，以及還要住上一、兩年的室友的意見，這兩者的意見比重如何拿捏？也曾發生某一時期的室友們臭味相投，因此公寓環境即使很髒亂大家依然相安無事，但卻讓新的潛在入住者敬而遠之，造成沒有新的房客願意搬入的窘境，然而原本的室友卻不用負擔房間空下來的成本（空房的壓力由玖樓來吸收）。即便這些問題大多可以靠溝通、討論等方式適度地解決。但若考量到室友們來來去去的特性，執行上便會造成極高的溝通成本以及增加摩擦的可能性，不但導致每間公寓都有不太相同的制度，同一間公寓內也可能因為住客的流動而朝令夕改。例

14 山崎亮以家島地區的社區營造為例，從一開始只有一位學生開始，花了五年的時間培育出可以自立的社群為例。《社區設計》，頁一三一。

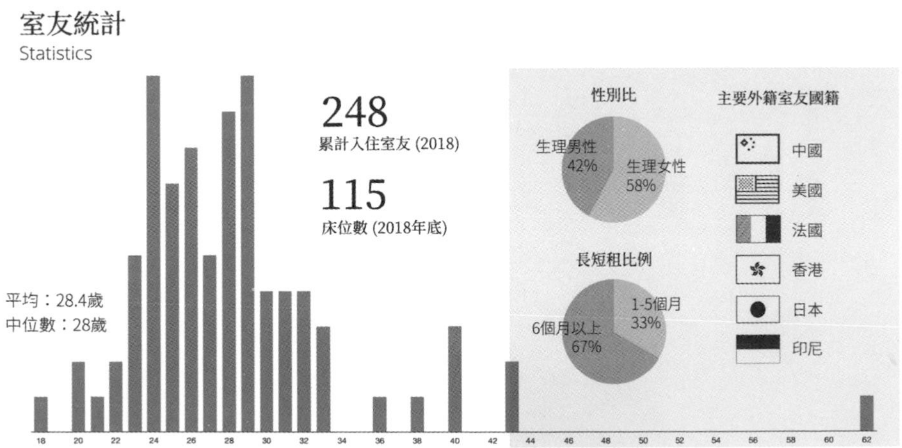

如：玖樓原本要招集室友們共同討論連雲公寓的公共事務，即將搬走的室友卻表示：「是要近期開會嗎？……是否要等到下一任長期租屋的人到來再開會決定呢？」

因此對於玖樓的社群而言，面對生活繁忙、流動率高的都會型社群，比起長時間的參與過程，其中更重要的是如何設計出使用者或居住者可以快速上手、舒適的參與社群機制。對比於需要耗費數年溝通的參與方式，山崎亮的另一種操作「千里復健醫院」的案例或許是個參考。同樣面對的是有某種特性與需求、卻來來去去的一群人，山崎亮藉由使用者的考察，列舉出多種可能在空間中發生的行為，以進行空間及活動的設計：「我們把這些行為模式整理之後，交給設計師請他提出可以滿足各項需求的空間型態。隨後與設計師再次檢視列舉出來的行為，並討論是否有其他行為出現的可能。既然行為可以令人聯想到空間型態，反過來說空間型態也可以激發出新的行為。」

而好的空間固然可以促進互動，但建立在空間的遊戲規則也相當重要。以沙龍交流為特色的北京七〇六青年空間共同創辦人賈傳超也曾與玖樓分享到：「由有想法的室友自己起頭，搭配工作團隊協助紀錄、建立流程。這樣有趣的室友即使搬走了但活動（或其經驗）還可以繼續。」

除了機制之外，組織者、或經營者有意識地貫徹其核心理想亦是關鍵。例如玖樓的社群經理會負責積極與社區組織或者議題性社群建立合作交流機會。為了建立更多元友善的居住社群，玖樓位於龍山寺旁的公寓便與「人生百味」合作（見第一章），安排一位街友大哥入住。六十出頭歲住在龍山玖樓的徐大哥，是名不折不扣的「斜槓中年」。忙碌生活的他，每天早上四、五點要去萬華的早市協助理貨；每週的固定時段也會現身在饒河夜市的「浪人食堂」幫忙。其他的像是社區、廟宇環境維護，甚至是宮廟的節慶祭祀活動，也能看到大哥的身影，吹著南北管、中氣十足。徐大哥多年來參與人生百味的許多活動，例如：石頭湯、街賣計畫，逐漸理出生活的步調與自信。在幾年的互動下，他決定告別過去以街頭為生的日子，並且委託人生百味協助申請台北市社會局的租屋補助，尋求一個更穩定的生活。面對徐大哥的入住申請，在事前與每位龍山玖樓室友的溝通作業不敢大意。超乎預期的是，室友們對大哥的入住感到相當興奮期待，完全沒有絲毫的抗拒或疑慮，這時玖樓的社群經理才鬆一口氣，想著果然入住時的申請篩選沒有白費。反倒是徐大哥入住時相當緊張，畢竟要融入一個新的生活環境、離開同溫層，是需要多些勇氣。「我看你們都有在煮飯，我在果菜市場幫忙，看你們要什麼可以拿幾顆回來給你們！」徐大哥與室友們相見歡時如此說著。

整理目前玖樓的社群操作機制有以下幾項：

一、**申請會員制**：外界通常會誤解會員制的申請、面試是為了挑選有趣的室友，然而真正的目的在於藉由申請、對談的過程讓申請者更加瞭解玖樓的理念，也確保申請者有意識到「共同生活」與傳統租套房的不同。由室友們一致認同與期待街友入住的案例中，更強化了我們對於會員申請制的堅持。

二、**社群經理**：社群經理是玖樓社群裡的關鍵角色、協助入住的室友融入社群，比如瞭解室友職涯需求進而協助他／她認識相關的室友、建立室友間的連結。並且透過線上居民社團，讓散落台北各角落的公寓室友們將大小活動消息、提醒、或者生活分享於此，形成一個跨公寓的共同體。

三、**公積金制度**：公積金制度旨在將社群活動帶來的外部成本內部化，一方面鼓勵室友們自主，一方面適當的贊助經費使公寓內部互動有正向循環。公積金的主要來源有朋友留宿、朋友們聚會，室友們則自行討論公積金的用途，通常是聚餐食材費用、生活用品補貼。目前，玖樓大部分的公寓皆有嘗試這套方式（玖樓並不強迫每間公寓都接受），明顯減少了一些日常的紛爭。

四、地域性社群、議題性社群、工作網絡社群的串連：例如從與地方媽媽合作的清潔服務、萬華地區街友社群合作、移工的跨文化交流、都市農園工作坊……到積極串連工作人脈、與共同工作室相互合作，確保室友們所租到的不只是一個房間，也不只是交交不同朋友，而是打開更多的視野與可能。

小結

相對於一般所指涉的「社區」，玖樓並無明顯的區域疆界；但對比於純粹的網路虛擬「社群」，玖樓亦存在居住與生活的實質空間。我想這便是共同居住空間的迷人與挑戰之處：需同時回應社區／社群的議題。並且，隨著社會持續走向更注重體驗價值的共享經濟模式，當交通有了Uber、Lyft、滴滴，旅行有了Airbnb，當飲食有了Food Panda、Uber Eat，洗衣服有了Kumawash[15]……等；隨著網路無微不至的深入我們生活的每個面向。但弔詭且諷刺的是，相較於各產業的革新，跟人們息息相關的「居住」模式卻依然守舊與落伍：難道居住只能是一成不變的房地產買賣？難道租房就沒辦法有更好的服務體驗或模式？

筆者很高興有機會分享一點微薄的經驗，也期待因著公共書寫而引起更多的討論，進而共創出更多元的居住樣貌。

15 https://www.inside.com.tw/2016/10/28/kumawash

參考書目

中村好文（2007）。《住宅讀本》。新北市：左岸文化。

山崎亮（2015）。《社區設計》。台北：臉譜。

陳怡伶（2013）。〈一個新家的想像：從女性主義建築談起〉，《建築師》，六月號。

Castells, M.（1996）*The Rise of Network Society*. Malden, MA: Blackwell Publishers.

10

〔流動蔓延〕整個城市，都是我的書店

張正——文

教戰守則

- 有書本之處即為書店，能看書的房間就是書房，空間不受名稱與形式所拘束。
- 這世界處處善意也處處惡意，盡量發揚善意疏導惡意。
- 沒有不可能的、沒有不可質疑的，也沒有一定辦得到的。

THE WHOLE CITY IS MY BOOKSTORE

我們與世界不斷碰撞、妥協、再碰撞、再妥協，也許至少要等到七十歲，才有機會「從心所欲不逾矩」。不過現在命越活越長，網路越跑越快，資訊越來越多，就算到了七十歲恐怕也一樣躁動。

排除周遭漂浮的雜訊，靜下來讀一本沉甸甸的書，是一個我期望自己做到的從容姿態。

楔子：游移於圖書館與書店之間

那時，我離開《四方報》，多了很多時間可以讀書。雖然家中已經很多買了還沒讀的書，但仍三不五時跑圖書館、跑書店，又滿足、又驚慌，上了癮似的。

滿足的是，東翻翻、西翻翻，真多好看的書呀！

驚慌的是，這麼多書，怎麼讀得完？

在書店時尤其驚慌。因為繞了一圈，手上捧著一疊想買的書，荷包很驚慌。

其實，何必買書呢！走出家門步行一分鐘，連馬路都不用過，就是一間新書頗多的社區圖書館，一次可以借二十本，我總是挑挑揀揀借滿二十本。怪的是，這一疊書像是有隱身術，一進家門就消失不見，直到借閱期限快到了，才在客廳的角落現身，我總是懊惱又愧疚，因為大部

圖10.1
這天，一群曾經在台灣出書的印尼朋友在燦爛時光舉行共同發表會。

分的書連翻都沒翻。

不去圖書館，偏偏要去書店花錢買書的理由

有一回去當時剛落成的高雄市立圖書館，簇新的八層大樓，設計新穎，裡面有一輩子都看不完的書，以及川流不息、不斷拍照打卡的遊客。然而就在對馬路隱蔽不起眼的大樓地下室，卻有一間茉莉二手書店，而且客人不少。

我想不通。

明明有一棟書籍更多、而且把書帶走不用花錢的大型圖書館，偏偏還是有人要到馬路另一邊的二手書店買書。書店的裝潢比較差、又要花錢、書也少得多。

為什麼呢？而我自己也是。你也是嗎？

想來想去，可能是「占有慾」作祟吧！

畢竟，圖書館的書有歸還期限（請記得拿來還，不然要罰錢唷！），不能在書頁上畫線畫圖寫筆記（請放下你的筆，請別在書上塗鴉亂畫唷！），弄髒弄壞弄掉要賠（請小心翻頁，請不要邊吃零食邊看書唷！）。總之，彷彿有位細心盡責的圖書館員盯著你，隨時在耳邊輕聲叮嚀：「嘿，這本書不是你的。」

但是，唉唷，我就是想紮紮實實地「占有」這本書呀！想要有借無還，想要有空再看，想要一邊吃垃圾食物一邊翻，還想要用不同顏色的筆邊看書邊劃線邊挑錯別字邊寫心得眉批吶！

不得已，為了滿足占有慾，為了實踐理想中的美好閱讀體驗，只得忍痛掏錢，把書買下。幸好還有二手書店，減輕荷包的受損程度。

書市惡狀之心理分析：貪小便宜與處女情節

除了在圖書館與書店之間悟出「占有慾」的道理之外，我還對兩個書市現況耿耿於懷。

一是折扣。

長久以來，台灣的新書一上架立馬「按規矩」打七九折，精心設計的封面被貼上醜醜的折扣標籤。不過出版社也不是笨蛋，既然新書一上架就要打折，而且實際入帳比七九折更低，那不如先將定價拉高。於是一來一往，成了無聊的數學習題，大家一起浪費時間浪費力氣。

其實我更在意的是，這些折扣玷汙了讀者的初心，拉低了書店的格調，磨損了在這個數位時代還願意閱讀紙本書籍的古典美好：我（讀者）原本只是單純地想來找一本好書，你（書店）幹嘛一再東提醒西提醒買這本有打折、買這本附手帳、買那本送咖啡？你有想過書的感受嗎？而我被你這麼一瞎攪和，心中貪小便宜的慾望受到撩撥，也渾渾噩噩搞不清楚自己到底是來找一本好書，還是來找便宜了。

冷靜，冷靜。

這本書如果真的有幫助，我絕不應該在乎那兩成三成的折扣。而如果這是一本爛書，就算免費，我也不應該拿回家占位子。貪小便宜難保沒有報應呀！

想起我和妻子雲章那次臨時起意的寮國自由行。

因為真的是臨時起意，出發前完全沒做功課，落地之後搞不清楚東南西北。幸虧在寮國首都永珍的二手書店裡，驚喜地發現一本簡體中文印刷的寮國旅行指南《玩家老撾》。習慣於東南亞殺價文化的我們，輕慢地拿著書，詢問端坐櫃檯的老闆有沒有打折。

沒想到，老闆的回答如此溫和但堅定：「如果你需要的話，這本書就是無價的。」慚愧，臉上一陣辣，像小時候作弊被逮著一般。我們的確需要這本書，而且也不是負擔不起的價格（也就台幣不到一百塊而已），幹嘛要貪小便宜隨口殺價呢！趕緊鼻子摸摸掏錢。

書店老闆接過書，摘下眼鏡，慢條斯理地翻了翻，表情轉為嚴肅：「這本書有缺頁，是我的疏忽，不能賣。」

唉呀怎麼辦，我們的確需要這本書呀！

「既然你們需要，那就送給你們。」老闆一派理所當然。

我們更慚愧了。

這一來一回，我們得到一本免費的書，以及一個故事，也對寮國留下好得不能再好的印象。這本書真的無價。

而我也更加篤信，在小處計較，只會傷害彼此的信任。何不省去虛偽作勢，回歸事物的本質。賣書如是，人生亦如是。

第二個質疑，是二手書的價格與價值。

新書一本一本賣，二手書一捆一捆賣。為什麼？

書本裡寫的又不是當天新聞，晚個十天半個月再看價值不減；二手書又不是二手車，就算別人看過，也不會掉字少頁，何況很多二手書保存得跟新的一樣。究竟為何淪落至此？你有想過二手書的感受嗎？

我找不到二手書非得便宜賣的好理由，唯一的解釋，是處女情節：對！我就是要第一手的！

然而，書本的價值，不應該是新舊，而是書頁所承載的內容。何況，要是這本二手書的前一位讀者，曾經在書頁的空白處寫下他的啟發、他的心得、甚至因為書中的情節落了幾滴眼淚弄皺了紙張，等於豐富了這本書的身世，替這本書增添了價值。這些價值若能如實反映在價格上，二手書不但不應該降價，還應該漲價呢！

我逢人就談二手書不應該跌價的理論，總是被嗤之以鼻。

並不是說我多高尚。假設兩本一樣的書放在我眼前，我當然挑新的。我也不是頭撞牆人變傻。假設兩本相同的書、價錢不同，我當然挑便宜的。萬一阮囊羞澀，還要厚臉皮殺價一番。

我的意思是，貪小便宜和處女情節，在書籍買賣流通這個領域，不應該被煽動鼓勵，應該以制度將其減緩。

若再把讀者對於書本的占有慾考慮進來……嗯，我想到一個兩全其美的辦法。

「三不一堅持」與「有尊嚴的二手書」

考量了「占有慾」、「貪小便宜」、「處女情節」，所以當我自己決定要開書店時，研擬了一套過去沒聽過、可能全世界絕無僅有、說不定可以問鼎諾貝爾獎的書籍流通方式：三不一堅持。

第一「不」：不同於書店，這裡的書只借不賣。

第二「不」：不同於圖書館，這裡借期無限。

第三「不」：不同於租書店，這裡全額退還押金。

一個「堅持」則是：為了讓讀者擁有完整閱讀體驗，也為了讓前後讀者透過書籍交流，我們堅持，讀者有權在書頁上畫線畫圖做記號寫眉批。

「三不一堅持」還必須搭配著「有尊嚴的二手書」定價策略。亦即，不論新書舊書，一律原價借還。

根據「三不一堅持」與「有尊嚴的二手書」的規則：

如果你想占有這些書，儘管占有吧，不還也沒關係，反正你已經原價付款了。

如果你要還書，我們就全額現金退費，還謝謝你在書本上投注了精神、留下了筆跡。

如果你在來書店之前，就只想找全新又有折扣的書，那真的不需要跑這一趟，直接上網即可。網路書店的書又新又便宜，而我這裡的新書和二手書價格相同（就是印在書上面的原價），不但沒有折扣，還可能是別人已經翻過看過的二手書。

說到底，我們根本沒把網路書店放在眼裡！因為我們在價格上完全不是對手，哈。也是因為，我們這裡運作的是另一套思考邏輯。

看到這裡，大家馬上會問：那你們怎麼活呀？

我倒覺得應該反過來問：強力促銷、流血打折的書店，就能活嗎？

雖然沒有嚴謹的大規模調查，不過根據常識判斷，在網路才是主流的現在，除非你賣的是教科書考試書之類的特殊種類，否則賣書不能活。所以獨立書店兼賣咖啡、文創，傳統的書局則是賣文具、雜貨，至於大型連鎖書店，什麼都賣。

簡單說，賣書的收入不足以支撐人力水電房租。既然賣書不能活，又何必堅持要「賣」書？如果哪一位書店老闆是以賺大錢作為開書店的目標，一定是在演穿越劇。

當然，為了支撐書店營運，也不能完全沒有營收。不過說真的，開書店之初，我還沒想到該怎麼活下去，但我知道人潮就是錢潮。藉由「三不一堅持」與「有尊嚴的二手書」這樣創新的規則，也許能吸引一批志同道合或者因好奇而來的客人，有了人，總能搞出些名堂吧。

而且，我們恰好是新南向政策浪潮中，最最政治正確的「東南亞主題」書店呀！

不存在於書店的分類：東南亞

不得不說說「東南亞」。

我的書店名叫「燦爛時光東南亞主題書店」，為什麼是「東南亞」？得再次回溯那段我是無業遊民到處跑書店與圖書館的日子。

因為職業病，因為舊情綿綿，我在離開《四方報》這份台灣最大東南亞報紙集團之後，仍很關注東南亞議題，這也成了我到各地書店或圖書館的間諜任務：看看有沒有「東南亞」這個分類。

沒有、沒有，都沒有！

我知道唯一有這個分類的，是嘉義的洪雅書店。而且，我親眼見證了東南亞書櫃的成立。

那天去洪雅書店演講，我反覆強調台灣對東南亞的認識太匱乏，提到全台灣沒有一個將「東南亞」單獨分類的書店或圖書館，而且，竟然連洪雅這間號稱「南台灣最活跳的社運書店」都沒有！我盯著洪雅老闆余國信吹鬍子瞪眼。

沒想到，反應敏捷的余國信虛心受教，在我演講的同時，劍及履及清出一個書櫃，把店裡的東南亞相關書籍放進去，還寫了個小牌子「東南亞」。算他厲害。

是呀，這不是很怪嗎？台灣和東南亞這麼近，台灣有這麼多東南亞人，台灣各種議題的獨立書店如雨後春筍般冒出，怎麼沒有一間以東南亞為主題的書店呢？余國信說，你啦你啦你最適合來開了，有一間實體書店真的不一樣，可以搞很多社會運動。

認識余國信的人都知道他總是橫衝直撞不按牌理出牌，他自己開書店開得苦哈哈，值班志工的薪水有一搭沒一搭，我可不想重蹈覆轍。

又過了一陣子，我和雲章在林義雄絕食的現場外，遇到資深獨立書店小小書房的強悍老闆沙貓。人家林義雄在裡面絕食，沙貓卻在外頭說服我開書店：沒錯，台灣應該認識東南亞，台灣需要一間東南亞書店，你曾經是《四方報》總編輯，你最適合了。

就這樣，自己挖坑自己跳，加上余國信和沙貓影響了我的腦波，於是有了「東南亞」書店的起心動念。

等等，還沒。「燦爛時光東南亞主題書店」的成立，還必須搭配「帶一本自己看不懂的書回台灣」這個計畫。

帶一本自己看不懂的書回台灣

我的確很希望在台灣的東南亞朋友有書可看，也認為台灣應該有一間東南亞主題書店，但是當我認真評估一間書店需要陳列多少書籍的時候，才發現我薄薄的存摺實在太薄。更難的是，從東南亞進口書籍手續繁雜，充滿不確定性，而且就算真的買進來了，運輸費用高昂的書，也肯定賣不出去。

就是在這樣的困窘中，「三不一堅持」這個只借不賣的書籍流通方式，以及眾志成城的「帶一本自己看不懂的書回台灣」運動，同時出爐。

既然書不是用賣的，就有了動員眾人善意的正當性。我在天下雜誌子網站「獨立評論@天下」寫了一篇文章，呼籲在台灣和東南亞之間來來往往的朋友成為「帶書人」，一人帶一本「自己看不懂的書」回台灣，由燦爛時光當作中繼站，轉交給真正看得懂得數十萬東南亞移民移工。

這個帶書運動的靈感來自二〇一四年的移民工文學獎優選得主Erin，她來自印尼。Erin當時在台北擔任家庭看護，來台兩年卻不曾休假一天，她苦中作樂但也誠懇堅定地說：「閱讀讓我快樂、寫作讓我自由！」缺乏合理休假是在台外籍看護

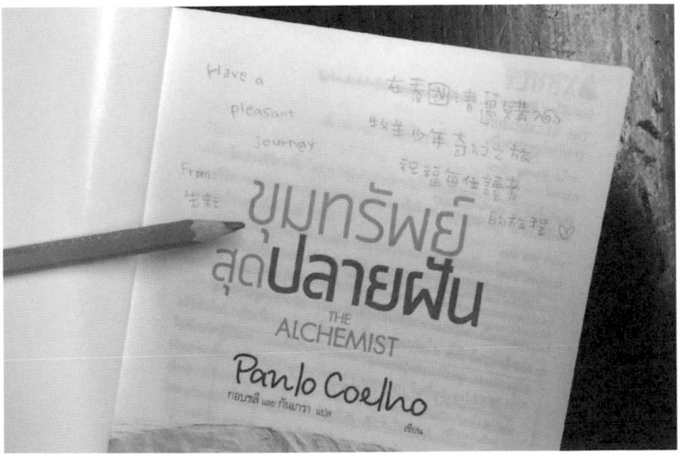

圖10.2
參與帶書運動的「帶書人」，我們希望他們在書本上簽名寫字，讓之後讀到書的人，知道這本書不是憑空掉下來，而是有一位不認識的善心人帶來的。

工的普遍現象，如果短期內無法改善，那麼藉由母語書籍提供她們片刻的快樂與自由，感覺很值得做。

於是在各地書店的支持下（各地書店是帶書人與燦爛時光的「中繼站」），帶書運動得到廣大迴響，時至今日，仍不斷有朋友從東南亞一本一本帶來珍貴的家鄉讀物。而為了讓東南亞朋友就近借書，我們又在全台各地徵求「東南亞書店／書櫃聯盟」，把這些「善書」再散到各地。

這些書能夠「Build my soul（建立我的靈魂）」

這幾年來最出名的「加盟書店」，當然是頻頻登上媒體、位在台中東勢的「東隆五金行」。

年邁的東隆五金行老闆生病，老闆娘聘請印尼幫傭蘇麗來照顧。蘇麗失戀了，向老闆娘的兒子求助，說她想要看書。老闆娘的兒子在台北工作，好心下載了一些圖書館裡的印尼文書籍目錄，截圖用Line傳給蘇麗，問她要借哪幾本？蘇麗眉頭一皺，這些書，都是言情小說呀，豈不是傷口灑鹽、雪上加霜？

老闆娘的兒子很無辜，畢竟他不懂印尼文呀！幸虧，老闆娘的兒子陳文良有個學弟叫做張正（就是我）。文良學長知道我正在籌備東南亞書店，有一批印尼書，問我能不能借幾本給蘇麗。

「當然好。」我說。

不過，文良學長補充：「蘇麗不要看言情小說，要看『可以思考』的書唷。」

難題掉到我頭上。我也不懂印尼文呀，怎麼知道哪一本書「可以思考」？好在書本就在我手邊，我隨意拿起書，掂掂重量、瞅瞅封面，憑直覺選定了三、四本，寄去。

幾天之後，文良學長傳了Line的截圖給我，是他和蘇麗的對話。原來，我的直覺對了，那幾本書真的是蘇麗要的，而且蘇麗說，這些書能夠「build my soul（建立我的靈魂）」。

那是燦爛時光開幕前夕，我在傍晚時分收到文良學長的簡訊。當時的我忙了一天，坐在幾天之後就要開幕的燦爛時光門口喘氣，天色昏暗，前途未卜，到底為什麼要沒事找事開一間書店？謝謝蘇麗的一句話，給了我堅定的答案。後來，乾脆把書店的wifi密碼設定成「buildmysoul」。

故事還沒結束。

蘇麗看完了那幾本書，寄還給我，還想看，我又如法炮製瞎子摸象地挑了幾本「可以思考」的印尼書寄到東勢。幾番往返，我想，這不是辦法呀，寄來寄去，費時費力又花錢。所以當我得知文良學長老家開的是五金行時，靈機一動，問他能不能在五金行清出一個櫃子，變成東南亞書櫃，我乾脆一次寄一箱書過去，讓蘇麗慢慢看，也可以借給周圍的東南亞朋友。

五金行由文良學長的媽媽陳劉月女士當家，她在當地原本就以熱心公益聞名。這次也不例外，陳媽媽把文良學長小時候用的書櫃搬出來，放上我寄去的東南亞書籍，就成了「東南亞書店聯盟」的一員，肯定也是全台最有書香氣的五金行。

GEMAS，燦爛時光跨國連鎖書店

為了不要辜負好心的帶書人，我們從隔年（二〇一六年）一月起，每個星期天另外拖著一卡皮箱的東南亞書去台北車站大廳，坐下，把書直接攤在移民工的眼前，成了免費借閱的地板圖書館。這個行動持續至今（二〇一九年），雖然偶爾被檢舉、被警察「勸導」要求離開，但是我們理直氣壯臉皮厚，畢竟整個車站大廳坐滿了人，不多這一卡裝滿書的皮箱，說不走就不走！

這個地板圖書館除了讓移民移工方便借書之外，也讓不少好奇的台灣人跟著坐下、成了一扇認識移民工朋友的窗口。大夥兒不分國籍圍著裝滿了書籍的行李箱，像圍著荒野裡的一堆營火，讀書、聊天、吃東西、交朋友，瞭解彼此的喜怒哀樂與文化。

而地板圖書館比肩席地的近距離接觸，更直接促成了燦爛時光的海外分部！

當然不是我們財力雄厚佈局全球，而是幾位熟識的印尼移工，看到台灣人替異鄉人募書、開書店，覺得這些人真是傻不隆咚！但是回頭想想，如果台灣人願意幫忙異鄉人，他們怎麼能不幫忙自己呢？另一方面，這些海外移工雖然扭轉了家中經濟，但是故鄉的孩子卻因為少了父母陪伴，成天陷溺在3C產品的小螢幕裡，讓為人父母的海外移工乾著急。

閱讀或許是個轉機。

於是，幾位印尼海外移工組織了「閱讀推廣協會GEMAS（Gerakan Masyarakat Sadar Baca Dan Sastra）」。他們一起存錢、募款、募書，如果誰先回家鄉，就用這筆基金在自己的家鄉成立一個小型圖書室，並在燦爛時光書店舉行了盛大的成立記者會。而我們的「東南亞書店聯盟」，當然也就厚臉皮地把GEMAS的圖書室納入「東南亞書店聯盟」。

書是靠山，書店是基地

天時地利人和，加上一群有情有義有才有智的志工幫忙搬書、搬桌椅、刷油漆、出主意，「燦爛時光」在二〇一五年四月的潑水節成立。

「燦爛時光」是一處由善意搭建的結界，歡迎各式各樣的靈魂來這兒逛逛，也總是蠢蠢欲動不斷擴展，試圖把整個城市都變成我們的書店。例如北車印尼社群導覽和華新街緬甸社群導覽，就是從書店發展出來的業務。

北車印尼社群導覽的核心，是車站大廳的地板圖書館。我們先邀請大家圍著地板圖書館席地而坐，感受不同的觀看與被觀看的視角，然後帶著參與者，「混入」假日

上｜圖10.3 燦爛時光每週一次的北車地板圖書館，提供兩箱免費閱讀的印尼書，讓印尼朋友們擁有席地而坐就地讀書的便利。

下｜圖10.4 曾經在台灣工作的Nanik受到燦爛時光的啟發，回到印尼之後，一邊募集書本，一邊將家中客廳貢獻出來，成為當地孩童下課後的圖書館。

時以印尼移工為主體、活力飽滿的台北車站，以及周邊的印尼商店、小吃店、穆斯林聚會所。

華新街緬甸社群的導覽，則是請參與者在燦爛時光書店集合，進行約十五分鐘的解說，然後再步行三分鐘，進入北台灣最大的緬甸華人社群華新街，被看不懂的緬甸圓圈字、聽不懂的緬甸語或雲南話包圍，嚐嚐異鄉的美食，感受遠道而來的氣味。

我們也盡量無視人為的國界。例如二〇一八年起，以燦爛時光為基地的第五屆移民工文學獎，陸續將徵件範圍拓展到港澳馬星日韓。

燦爛時光貌似一間書店，其實有點像活動中心。根據不怎麼嚴謹的統計，在眾多熱血青年與師長前輩的鼎力相助下，二〇一五年，我們開了三十二個語言班，辦了包括講座、音樂會、電影欣賞等等一五四場活動。二〇一六年，三五五場。二〇一七年，三三一場，二〇一八年裡裡外外大大小小的活動，更暴增到四五三場。這些都是收費的，成為我們的經濟支柱。謝天謝地謝謝大家！

而來參與的朋友，絕大多數也都願意繳費。至於不願意或者不方便繳費的人，燦爛時光設計了「換工」的制度，只要承諾聽完演講後，在隔日交出五百字心得，即可免費入場。

旁人總是很好奇，燦爛時光怎麼可以辦出那麼多場活動。其實我們也很好奇。

也許是因為燦爛時光葷腥不忌（所謂「東南亞」，就是很重要但是台灣不熟悉的議題，這類議題多到講不完），也許是因為向聽眾收費所以品質保證（講者知道是收費演講所以特別認真、觀眾因為繳費入場也特別認真，形成正向循環），也許是燦爛時光席地而坐的演講或聽講很自在，所以大家願意來此分享或者吸收一點主流之外的知識。沒有標準答案。

倒是有個大誤會。因為我們叫做「東南亞主題書店」，所以許多人誤以為這裡有眾多東南亞朋友進進出出。當然啦，比起一般書店，燦爛時光的「東南亞人口」比例要高得多，但是所在地畢竟是台灣，來書店的大宗仍是台灣人。

不過二〇一八年起，我們靠著文化部的經費補助，設計了一個「語言沙龍」，每天邀請不同的東南亞語「能力者」作為駐店沙龍主人，歡迎來客依據當天沙龍主人的國別閒聊、問事、學語言，也讓燦爛時光更多一點東南亞味道。

「燦爛時光」當然不賺錢，所以，我和雲章目前都有另一份全職工作養活自己。但也很意外，除了母親、朋友、雲章和我最初投資的六十萬之外，「燦爛時光」至今（二〇一九年）已經活了超過四年，我們並沒有再投入資金，房租水電沒有欠繳，同仁也都有拿到雖然不高但是穩定的薪水。

即使紙本書不合時宜，書店江河日下，但是具有千百年歷史的紙本書與實體書店還不至於完全失去價值。至於到底是甚麼價值？包括我自己在內，許多人在用各種方式試探，尚無定論。在我看來，紙本書相對緩慢與具有重量的確定感，以及實體書店作為一個有溫度的、能讓人面對面交流的實體空間，是網路最無法取代的核心價值。訊息仍要傳遞，知識和經驗還是需要載具，實體書店、紙本書、網路等不同的形式，各擅勝場。

我還是如同書店剛剛開張時一樣相信，書店不只是書店，書店是文化基地，把人兜攏，自然有事可做。或者說，只要陳列了書，該空間就與「書」這種承載情感、經驗、知識、智慧的「形式」接軌，與過往千百年曾經看書的人攀上了關係，有了靠山，底氣十足。

之後，書店這個有「書」作為靠山的空間，成為諸多想像賴以生根的土壤。要讓世界更美好，於焉可能。

圖10.5
燦爛時光書店的東南亞各國國旗牆面，是最好的拍照背景。

圖10.6
燦爛時光的三樓是語言教室，這張照片是正在進行中的東埔寨語課程。

11

〔都市耕耘〕鏟子的革命：從都市農耕網到台北田園城市

海辰＋都市農耕網——文

教戰守則

- 在都市裡種菜是市民接受度高的議題，結合日常應用延伸、環境美化及社區營造的功能，就能串聯更多面向的市民共同參與。
- 社群性質的倡議行動中，設定「任務節點」及注意「倡議時機」是重要的，前者可激起大家的熱情，推動大家往目標前進，後者若結合選舉，可有效利用公部門力量進行推廣。
- 新興議題可利用現有網絡進行倡議，如社區大學、鄰里系統、各類相關倡議組織，可增加觸及群眾及面向。

SHOVEL REVOLUTION: FROM FARMING URBANISM NETWORK TO GARDEN CITY TAIPEI

在都市，空間向來是兵家必爭之地，舉凡公有空間，從區民活動到商業區、從公園到停車場，或私有空間，如一樓中庭及露台屋頂等，每個人都有不同的使用需求及對於都市空間的想像；然而，台北市作為台灣最大的農產品消費地，都市農耕的發展卻一直以來都不在都市計劃的討論架構內。

從建國假日花市作為全世界最具規模的花卉零售市集之一可知，台北市民對於居家型盆器種植都不陌生，只是需求多為觀賞用植物；而要在都市種菜，通常皆以「挖邊角」的方式在公園角落、停車場旁或鄰里畸零空間出現，且多為個人種植行為，種植區域隨時可能遭檢舉或移除，種植者通常為社區附近的居民。相對於已有完整產業鏈的傳統農業生產區之「生產型都市農業」（如配種、栽種技術研發、農會管銷輔導等），在市中心及住宅區進行「休閒型都市農耕」一事，目前尚未形成完整的產業鏈。

「農」本身即是自然資源轉換的過程，當前氣候變遷劇烈，民眾開始關心都市環境與糧食安全議題，借助「農」的內涵意義，重新打開民眾對都市生活型態的想像；「食」為文化與社會的構成要素，直接關聯著社會體系、飲食產業與城鄉關係；當社區參與逐步充實開放的同時，我們可以透過「協力架構」，具體在「農」與「食」的議題上推展與深化。

台北市是台灣第一個將「在都市生活空間進行都市農耕行為」納入政策推動的城市，從二〇一五年「田園城市」政策推動以來，已有總面積達十萬餘平方公尺的六百多處園圃、十六萬人次參與，推展的速度非常驚人，到底是什麼樣的發展過程，讓最大的農產消費地、人口密度最高、地價最貴的台北市，成為都市農耕推動的先驅者？

革命前夕：蠢蠢欲動的三明治堆肥

三明治堆肥是將生廚餘、咖啡渣等材料依比例拌勻後，覆蓋紙板防止水分蒸發及雜草生長的一種堆肥方式，當材料備妥，就等待堆肥成熟。

革命就如三明治堆肥，需要多方面醞釀，當時機成熟了，其實大局也已定。

一九八九年，台北市第一個市民農園成立。隨著週休二日制度的上路，為滿足都市人體驗農耕樂趣及對安全農產品的需求，台北市農會開始推動「市民農園」政策，在各郊區廣設農園供市民租用，讓農家與市民可進行直接連結，市民攜家帶眷在週末去戶外活動筋骨，平時則交由郊區農民協助維護管理，供不應求的盛況，體現了都市人對農耕體驗的渴望。

二〇〇九年，台灣樸門永續設計學會在台灣正式成立，為台灣第一個引進Permaculture生態設計，以及致力於本土化推廣的非營利組織，該學會為都市農耕注入一股不一樣的能量，許多取得樸門永續設計認證課程（Permaculture Design Course, PDC）認證的學員們，開始在自己的社區進行小規模的行動，如大地旅人及野蔓園在台北各地辦理的各項工作坊及課程，慢慢凝聚都市農耕的革命力量。

圖11.1
社區園圃就是一群人運用生活中的公共空間，一起耕種與維護農作物，圖為2014年錦安屋頂菜園剛建置完成，社區參訪的情形。（圖片來源／陳沅蓀）

二〇一〇年初，在台北川流不息的羅斯福路上，出現了五處綠色社區生活據點，社區居民可以在這裡用土窯烤披薩，光明正大在公共空間中種菜，還可以在香草田間悠閒閱讀，這是台北市為了當時即將舉辦的「二〇一〇台北國際花卉博覽會」所特別推動的「台北好好看系列計劃」，希望能快速達到美化市容的目標；而羅斯福路上的綠點，更以「綠地好好吃－可食地景」的方式，藉食物與耕種行動，開啟社區互動，挑戰大眾對於公共空間的想像。

同年，一群人在台大校園的角落出現，開始在了無生機、荒廢的路邊型花台扦插地瓜葉，在行道樹穴帶領路人進行印第安三姐妹（玉米、豆子、南瓜）的種植，在草皮上種植便當菜園，在土壤貧瘠的土地進行三明治堆肥，騎著三輪車載著香草，游擊路邊的空缺盆器與冰冷的鐵欄杆。他們是大猩猩綠色游擊隊，由第十一屆台北市青年社區規劃師組成，在聽完台大建築與城鄉研究所張聖琳教授介紹「游擊園圃」概念後開始的社會行動。

二〇一一年，中山區聚盛里陳鴻章里長在由忠泰建築文化藝術基金會承接的 URS21 基地上，建立了「友誼農場」，從倡議老舊閒置建物拆除到園圃的建置，歷經八年，「友誼農場」終於在二〇一一年開始招募志工，建立了「園

圖11.2
大猩猩游擊隊2011年8月在台北市大街小巷帶著菜苗土壤，出發找尋發芽的機會，那天，種植了3處空閑的盆栽，裝點了兩個店面角落，交了許多愛好種植的朋友。
（圖片來源／劉哲瑋）

圃認養公約」，邀請郭清源老師指導種植，點點滴滴、從無到有把園圃建置起來。

二〇一二年三月，台大社會系陳東升教授開設「社會經濟組織的創新與設計」課程，帶領一群學生組成「傢傢久」團隊，利用系館閒置屋頂空間，開闢屋頂菜園，開啟一連串都市農耕與人的實驗，也蒐集系館及附近商家的咖啡渣及廚餘進行堆肥，隔年更推廣至附近社區，協助錦安里在活動中心屋頂開闢錦町小田園，並組成社區農藝隊，協助社區打造屋頂菜園，後來更成立「響耕」工作室，繼續推廣都市農耕（工作室目前停止經營）。

二〇一二年十月，在松山區精華地段的復建里，出現了一個占地廣闊的園圃空間，經過里長奔走協調後，「幸福農場」正式啟用，一開始共有四十八塊園圃認養單位，後來因居民反應熱烈，增加至一六八個園圃單位，區分為中藥草區、蔬果區等，並有一位農場場長及多位副場長統籌管理，帶領教育、行政等小組志工來維護管理整個區域，園圃周邊還有許多觀賞性植栽花卉，建立起一個台北最具規模的社區園圃空間。

二〇一三年，在花博結束後的第二年，北市產業發展局利用中山足球場的閒置階梯空間，開闢四千一百平方公尺種植面積，因花博屬農業發展科的業務，而這個空中花園，因緣際會下，成了國際花卉博覽會後的一個延伸，並從觀賞性植物，換成可食性植物，和資材廠商與社區大學合作，形成一個社群型的社區園圃模式，雖然後續因維護人員調度困難而結束，但也因此種下了後續推廣食農議題的因緣。

華山綠工場：一場以「微型農耕」出發的體驗之旅

備妥生廚餘、咖啡渣與紙板，鏟子革命的臨門一腳，就在都市再生前進基地URS27悄悄地展開，一場都市農耕革命即將成形。

二〇一四年二月，「華山綠工場」在台北華山大草原（URS27）盛大舉行。這是一場由台北市都市更新處主辦，禾磊藝術策劃之實驗性策展，在占地二三七七平方公尺的華山大草原，以四三七平方公尺的建築面積，進行了一場都市農耕實驗行動。

這次的活動以「微型農耕」為策展主軸，空間以線性方式展開，規劃了市民耕作空間及議題發展空間，藉由勞動（耕作）的場景，甚或實際的耕作行動、論壇課程與藝術手作活動，吸引不同領域的人聚集，讓「綠工場不只是勞動後的綠，更是社群集結後的集體綠意識，進而產生的綠色行動自由意志。」

「勞動（耕作）」的場景，分為華山市民菜園、華山里民菜園、都市樸門進行式與都會香草園等四大類，這四大類也代表了在都市推動農耕的四個面向：農耕議題的連結面向、市民參與的在地面向、都市農法的實驗面向，以及產出物的應用面向。

「華山市民菜園」開放給市民認養，是一個「只要是人皆是『都農』一員」的概念，主辦單位本來預計開放二二〇個認養單位，發放一三五〇棵大陸妹等葉菜苗及五五〇株蕃茄、南瓜等瓜果類苗，後來為因應現場及電話報名踴躍的情形，增加一三八個認養單位、多發放四一〇棵玉米苗。認養人從NGO團體認養、台北市民跨區認養到跨縣市的個人認養，體現出市民對於都市農耕議題接受度高、躍躍欲試，渴望藉由農耕議題與他人連結、學習交流，甚至將種植成果展演於公共空間。

相較於華山市民菜園，「華山里民菜園」則是開放基地附近的梅花里、幸福里、正守里、正義里及正得里的居民認養，由里長號召，將基地轉變為社區園圃，每天都可以看到社區居民三三兩兩成群的耕作背影，婆婆媽媽帶著孫子，或者上班族通勤時，有人路過就替蔬菜苗澆澆水、與朋友聊聊八卦、採摘香草回家料理。在這園圃中，象徵的是持續耕耘以及與在地的連結，將園圃融入到生活中，形成一個綠色生活網絡，種出的不只是菜，更是社區人的情感連結，打破家戶鐵門窗的藩籬，利用瓜果支架撐起鄰居情誼。

「都市樸門進行式」是由大安和信義社區大學的亞曼老師及樸門農法課程社群所認養，這個區域搭配課程講座，進行樸門農法基本概念的教學與實踐，傳達樸門因地制宜、互利共生、順應時節的概念，並以厚土種植、蚯蚓公寓、水撲滿、魚菜共生系統等的教學模組，讓民眾體驗樸門的基礎理念，如何化為實際操作。在這個園圃區域，代表的是市民對於都市農業實驗與探索的精神，未來還有很多開發創造的空間。

「都會香草園」是由中正社大陳彥宇老師帶領學員一起進行認養，種植香草類植物，再進行香草植物的運用。香草，一直以來深受都市人的喜愛，在陽台種一盆薄荷，偶爾泡杯薄荷茶當下午茶，又或種植一盆九層塔來炒蛋，都是人所嚮往的，在老師的帶領之下，大家不只要會種，還要會應用。

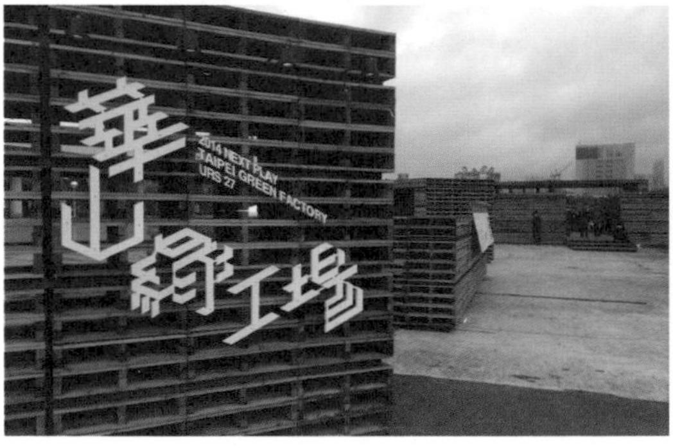

圖11.3
「華山綠工場」在台北華山大草原（URS27）盛大舉行，立用木棧板建築，打造現代感都市農園感。（圖片提供／經典工程顧問有限公司 、王俞棻／攝）

在展區園圃外，主辦單位規劃了多場「綠點小旅行」，一場場聯結在地文史脈絡與北市其他綠色軸線的串聯行動，從復建里幸福農場的社區鄰里型園圃，到新北市大鵬社區屋頂農場的門禁型社區管委會型園圃，從錦町小田園的屋頂菜園到幸市里的植物銀行，顯示出台北綠生活的多樣性，原來，「綠」也可以是在城市旅行的主角。

二〇一四年四月十二日，「華山論菜圓桌會議」在慕哲咖啡展開，是華山綠工場不可或缺的盛會，當日由張聖琳教授與時任中原大學景觀系兼任講師的連振佑老師共同主持，集結了產業界、學界及對於都市農耕有興趣的民間團體，以正式、有系統的方式對都市農耕進行論壇。

「菜，一點也不菜。菜是綠色的夢想，是社會的公平，是環境的正義，更是生命最基本的尊嚴。」張聖琳老師是這麼說的。在華山論菜當天，大夥兒就決定要一起做些什麼。

一　都市農耕網：一場論壇後不散的宴席，選舉前的倡議發聲

每個革命都從生活的渴求與反思開始，一群想在都市裡種菜、拔菜、吃菜的人，聚在一起，思考著如何讓更多人都可以一同在都市裡種菜、拔菜與吃菜。

二〇一四年五月二十八日，「都市農耕網」（以下簡稱都農網）在台大城鄉所教室進行了第一次的聚會，從「華山論菜」凝聚的力量慢慢發酵。都農網是由幾位都市農耕參與者、非營利組織工作者，共同開始推廣城市中的都市農耕，並且在Facebook

「都市農耕網」聚集了越來越多理念相同的人，形成一個關心「都市園圃」、「家庭菜園」、「食物安全」、「城鄉農業」、「政策執行」的公民社群，同時也取了一個英文組織名稱：「Farming Urbanism Network (FUN) Taiwan」，並且加入「International Urban Agriculture Think Tank (UATT)」國際都市農業社群。

都農網的成員來自不同的背景，有些是大學教授、民間團體成員，甚至是學生與家庭主婦，大家因為同一個理念：「推廣都市農耕」，而聚在一起，每個人對於都市農耕及其效益皆有不同的立基點，如台灣新鄉村協會著重於都市農業的各個面向、主婦聯盟著重於食物安全議題、荒野協會著重於環境永續議題、上下游媒體平台則為各式農業議題的重要媒體平台。都市農耕網發展至今，目前以社區營造、農村交流為主，幾位都農網主要成員也積極配合雙北都市農耕相關政策的推動與執行。

二〇一四年七月，都農網開始緊鑼密鼓開會，當時適逢雙北市長選舉選舉，考量到都市農耕的執行需要政策支持，最後決議以「都市小農孵」開始進行政策倡議，對象一開始就設定在「里長」，希望里長能將都市農耕納入選舉政見，而整個文案編輯及文宣製作，大多使用與里長溝通的角度來編寫，比方說在「都市小農孵」摺頁，主要圖面使用的是社區的公共空間，除了市民如何在生活中利用各類空間進行農耕，更重要的是里長或社區領導如何組織、帶領民眾進行農耕相關活動。

倡議的第一步是找錢、找事、找人。二〇一四年八月，在參與者陳彥良老師的提議下，決定在Flying V群眾募資平台作為籌備的起始點。在這個平台募資，需要有很多的行政程序、影片及回饋給市民的物品，於是，大夥兒開始努力盤點手邊的資源與夥伴，有人負責影片拍攝、有人負責回饋品——摺頁的發想設計與製作，希望把都市小農孵的理念介紹給民眾，利用群眾力量，為都市農耕倡議取得第一桶金，開啟都市農耕倡議的序幕。

倡議的第二步是宣誓。二〇一四年九月九日，都農網在台北市推動社區園圃的先驅基地——松山區復建里幸福農場——辦理記者會，對里長及市長候選人進行倡議。在記者會中，都農網向市長候選人提出都市農耕政策四大訴求：（1）認可都市農耕是進步的都市市民應享有的生活權利，積極協助都市市民園圃在各社區普遍推動，以及都市園圃的常設／半永久用地取得。（2）基於都市農耕的社會、文化、生態的多元價值與功能，支持各局處擬定有助於推動都市農耕的政策方案。（3）創造友善政策環境，鼓勵年輕人投入與都市農業相關的創新創業。（4）參考進步城市經驗，積極促進都市農耕的相關立法與修法工作。

倡議的第三步是宣誓後的延燒。俗話說「見面三分情」，搭配「勤跑基層」準則，在二〇一四年九月底至十一月底，配合每年十月在各社區大學辦理之公民週課程，都農網先鋒們透過社團法人社區大學全國促進會（以下簡稱全促會）在雙北安排巡迴演說，一共舉辦了十八場次的講座，其中包含台北市社會局系列課程一場，台北市都市更新處社區影像課程一場，台北市社區大學五場，新北市社區大學五場，ＮＧＯ四場及社區鄰里兩場。巡迴演說的目的有五：（1）觸及更多的市民，推廣都市農耕理念。（2）搜集民間意見及建立民意基礎。（3）讓不同面向的民間團體知道都市農耕網的存在，並一同加入討論。（4）接觸地方里長，進行倡議。（5）在政府部門舉辦的活動中露出，以增加推廣面向。

當時有參與巡迴演說的陳沅蓀老師回憶道：「都市農耕是一個很新的議題，在講座時現場的回饋，可以看出大家對於都市農園從模糊的想像到相對具象、且充滿了期待與興奮，這也意味著，我們（都農網）未來還有很多事情要做；而講座中最常被提問的事情分為兩類，一是耕作的技術，另一則是里民與公寓大廈的溝通技術。」就這樣，在一場場的講座中，越來越多人認識都市農耕網，臉書社團也在半年內有越來越多的成員加入，響應這場都市農耕革命，也讓都市農耕網的成員慢慢凝聚起來，穩定的步入下一個階段。

倡議後的初步成果非常令人滿意，兩位台北市長候選人都進行了正式的回應，候選人連勝文先生於都農網記者會舉辦十天後，隨即在大安區錦安里屋頂菜園舉辦記者會，正式回應公開贊同與支持都市農耕議題，並承諾可結合當時所提出的「社區提案型預算」政策，規劃在未來各區公所每年至少編列新台幣一千萬元預算中，鼓勵社區營造工作及推廣都市農耕；在未來也將清點閒置公有社區資源，協助社區取得閒置空間，鼓勵社區從事綠化或簡易農作。

候選人柯文哲先生（現任市長）也在十一月十四日簽署合作意向書，並以第二十七號「柯P新政」——田園城市政策——作為具體回應，內容包含：（1）提供農耕課程，校園變田園。（2）打破對於綠地的傳統想像與疆界。（3）可以吃的綠色小旅行。（4）田園銀行輔導平台等四大方向，希望建立系列農耕課程、在學校與鄰里中建置園圃，結合學校教育或社區營造來推動，也鼓勵社區利用收成辦理推廣

圖11.4
都市農耕網是由許多都市農耕參與者、非營利組織工作者，於2014年5月成立，以此鄰里共好的圖像，對外宣傳都市農耕可串起人與人之間的關係，邀請大家一同牽起手來種菜。（圖片提供／都農網、李虹／繪製）

活動擴大效益，最後建立一個網路平台，提供市民一站式的服務資訊。

台北田園城市：政策擬訂與推動過程

堆肥熟成後，一部分施予作物，另一部分則繼續發酵；都市農耕網掀起都市農耕的革命，而「田園城市」作為一個新興政策，也是一場革命，一場由公到私、「由上到下」的革命。

台北市長柯文哲上任後，從政策白皮書發展出一系列的「百日新政」、「田園城市」

圖11.5
台北市社區園圃推廣中心於2015年成立，辦理各項推廣活動及課程，圖為2017年台北市「嗡嗡嗡市政小蜜蜂」活動，接待大學生的情形。
（圖片來源／游欣芳）

也是其中的一項，政策由工務局公園路燈工程管理處統籌，邀集其他各相關局處共同執行，半年內訪問了近十位專家學者，密集召開十多場跨局處會議，頒訂了田園城市政策實施計劃及台北市政府田園基地認養管理作業要點等開創性的政策架構，政策分為三大部份：（1）整合田園基地空間，建立田園銀行、（2）建立農業技術輔導機制，及（3）經營管理田園基地。

田園基地分為私有地供租借的市民農園、公有地供認養的社區園圃及公有地不開放認養的園圃空間，如衛生局及社會局之醫療社服單位、教育局之學校小田園等。「田園銀行」為一個田園基地的平台，各局處可主動或經由民眾詢問被動釋出所管有的閒置土地或屋頂空間資訊，公告於田園銀行網路平台，方便有興趣的單位申請認養，並協助進行後續管理經營。歷年來建置的園圃空間資訊也都可以在上面找到，看看自家附近有沒有可以種植的基地，接著可向申請認養的單位進行接洽，加入園圃耕作的行列。在平台上大家也可以找到領取公園處落葉土壤改良劑或環保局廚餘堆肥、各式田園課程的資訊，讓大家可以很快地將田園城市納入日常生活。

在建立園圃後，農業技術輔導機制則開始運作，由北市產業局農業科統籌，結合桃園農業改良場、台北市農會系統、台灣大學植物病理與微生物學系等，並整合現有農家組成農業技術輔導團、定點植物診所等機制，讓民眾在種植過程中有任何問題皆可以提出，並且快速獲得解答。一個田園基地的經營，需要民間與政府共同完成，搭配補助經費及輔導機制，以達到永續經營的目標。

參與田園城市政策的市府局處非常廣泛，雖然有時會有些「分工不合作」的窘況，但各局處各司其職，也讓這個新興政策一上路就大致完成佈局，從環保局的廚餘堆肥和土壤檢測服務、衛生局的蔬菜農藥檢測服務，到公務人員訓練處的E化課程、客家事務委員會的台北客家農場經營，最後甚至社會局的各個社服方案、聯合醫院各醫療院所、都市發展局各公共住宅的屋頂，都被要求評估與建制園圃。

田園城市政策本身也是場革命，怎麼說呢？一開始推出，民眾就開始問：「路邊種菜有汽車廢氣，採收的作物安全嗎？」「用公家的地種菜為什麼不用付錢？菜怎麼分配？」「菜被偷了怎麼辦？」「大家共同認養，工作如何分配？誰負責半夜抓蟲？」等，對於市政府內部也是一個非傳統政策的挑戰，如「在都市密集地種菜，對既有農民有正面或負面的影響？」「在公園裡種菜，景觀地維護及使用者權利義務的分配關係如何處理？」「國有地在法令上明文規定不許種植有價作物，要如何突破？」要一擊破法令上和價值觀的框架，在在都挑戰著執政單位和民間執行者。

一 從倡議到政策：都市農耕網推動經驗談

堆肥從開始計劃、準備材料到熟成，是不斷的試誤，完熟後將自己的養分，供養給需要的人。

革命的過程，點滴在心頭，從「華山綠工場」市民參與的踴躍度，可以知道在都市種菜這件事，是一個市民皆可以接受的議題，每一個認養單位代表的都是一個家庭或社群，放射線式地將綠色種子往台北的各個角落擴散。從目前的成果來看，「都市農耕」在諸多社會倡議議題中算是成功的。回顧整個過程，初步歸納有五個成功因子：

（1）都市農耕議題本身的入門門檻低，不需要太龐大的經費或繁雜的過程，一個空間、一雙手、一把土、一株植物即可開始，並且可快速、即時的得到成果，讓人想進一步深入參與，且較無利益的糾葛，反對聲音較小。

（2）都市農耕的日常性與應用延伸性。一開始的倡議結合「體驗」與「生活」，重心放在大家所關心的議題，如吃的健康、高齡化長輩照護、親子食農教育、環境生態教育等，讓更多面向的團體一同加入，引起共鳴。

（3）都市農耕的環境美化與社區營造功能。對里長來說，相較其他大型公共工程政策來說，是較容易操作的計劃，負擔不大又有收穫。除了綠美化，「田園城市」增加了民眾共同管理的機會，分攤了里長的管理負擔，讓整件事很快就可以上軌道，雖然多了許多居民參與後的居中協調工作，但同時也讓里民走出家門，感情加厚。

（4）倡議組織行政端的整合與動員力強。都市農耕網在辦理記者會及倡議活動時，以社團法人社區大學全國促進會為主軸，結合社區大學的地方脈絡及食安議題、生態城市等深耕議題的契機來共同發起推動。

（5）時機。此次的倡議剛好搭上市長選舉及食物安全的議題，大家對於都市農耕開始有嚮往，且市長決定要以專案政策的方式來推動，既然市政府有決心整合並且執行，倡議便很順利落實。

成功總是得來不易，倡議核心成員之一陳彥良回憶說，本次倡議最困難的地方就是「人力」，因為都市農耕網是一群對都市農耕有興趣的個人所集結，各自有各自的工作崗位，大家只能以打游擊的方式，在自己領域的團體、公司及協會中進行宣導推廣及號召人力；這種有機式組成的民間團體運作模式，需要設定任務節點，如社大公民週的議題論述、選舉倡議記者會、「Flying V」募資平台上線等，集結眾力共同完成；此外，倡議推動的「關鍵人物」非常重要，而這個運動的「關鍵人物」就是全促會楊志彬秘書長，經由他的穿針引線，有很多的資源連結與決策過程得以順利完成。

上｜圖11.6　客家公園的戶外園圃提供了田園城市的示範。（侯志仁／攝）

中｜圖11.7　社區園圃為台北水泥城市的街景添增了不少綠意。（侯志仁／攝）

下｜圖11.8　社區大學在田園城市的推廣過程中扮演關鍵的角色，圖為學員領取社區園圃訓練的結業參與證明。（侯志仁／攝）

革命尚未成功，同志仍需努力

三明治堆肥法，長出來的植物，夾到三明治裡面，吃掉。接下來呢？

截至二〇一八年底，都農網臉書粉絲數量來到了三千多人，回頭檢視一開始倡議的四大方向，在「認可都市農耕並積極協助在社區普遍推動」，以及「支持各局處擬定有助於推動都市農耕的政策方案」兩項皆已取得初步成果，但在「創造友善政策環境，鼓勵年輕人投入與都市農業相關的創新創業」，及「參考進步城市經驗，積極促進都市農耕的相關立法與修法工作」兩項，仍有很多值得討論的部分。

田園城市政策推動的階段性成果包含建立田園銀行網路平台、堆肥認養機制、田園基地認養機制、農業技術輔導機制，從一開始著重於面積與人數，現在慢慢開始著重於社會面向、在地性及多元發展。除了學校、社服醫療等目的性園圃，在鄰里社區園圃中，已經可以觀察到園圃幾個不同的面向及發展趨勢，初步分類如下，

（1）示範性擴散：園圃位置可及性高，發展成熟，有帶動其他社區的作用，如士林區德行里繽紛農趣園圃。

（2）與社福機制結合：園圃運作結合其他社會福利計劃，如北投區清江里配合老人共餐進行計劃性生產，及社福機構利用園圃提供使用者相關服務。

（3）與醫療院所結合：建置於醫療院所的園圃，針對醫護人員、病患及其家屬提供不一樣的使用方式，如萬芳醫院和聯合醫院松德院區的屋頂菜園與療癒森林。

（4）與社區營造、社區產業結合：園圃作為社區公共事務推動的重要一環，如

文山區順興里的鄰里導覽地圖與手作包子、北投奇岩社區結合園圃，使原有社區推動的食農議題操作更加完備。

（5）與校園運作結合：園圃作為社團活動或與周邊鄰里組織連結的場域，如太平國小的園圃結合課程種稻、種菜，並配合校園慶典進行爆米花等活動。

目前都市農耕的推廣，較著重心理學家馬斯洛人類需求五層次理論中「自我實現」的高層次，參與者多為退休族，年紀較長，享受採收的成就感，屬於日常生活層面的理念實踐，並慢慢朝向「尊重的需要」與「社會情感需要」的層次落實，著重於社區改造及鄰里交流，在未來，是否會慢慢導向「安全的需要」，或因為環境氣候變遷而被迫成為「生理的需要」？下一步的田園城市，有應該往哪邊前進？

二〇一八年九月一日在松菸文創園區辦理的「夏日圓舞曲」活動，台灣新鄉村協會（都農網的社團組織）進一步就田園城市未來可發展之各個種面向，以及國外的經驗案例，進行了完整的探討，「都市農耕不止是種菜，跟種菜有關的各種事情都包含在內」，並提出了十個開啟都市農耕未來的鑰匙。

首先是「農園社福」，在美國，有些園圃一開始是由無家可歸者在路邊種菜，並且偷超市的購物推車去販售開始的。後來有越來越多的園圃與食物銀行、低收入戶福利、無家可歸者日常飲食及就業結合，讓園圃發揮社會福利的效益，拉近一般市民及弱勢族群的關係。

第二鑰是「都農生態」，園圃重要的基本功能就是利用多元的植物景觀設計，創造都市中動植物的棲息地，找回消失在都市裡的蜜蜂、蝴蝶、青蛙、鳥類等小動物，以及屬於都市的能量雨水生態循環，如松山社區大學的蔡明憲都市養蜂的課程、樸門永續設計師唐敏在社區推動的園圃計劃。

第三論是「都耕市民」，園圃提供市民耕種與接觸農業的機會，進一步讓人開始關心農業與農民議題，縮短都市與鄉村之間消費心理的距離，如出現越來越多的農夫市集、網路直購平台，希望日後有更多因為園圃而慢慢形成的團購網絡。

第四論是「農療身心」，農耕園藝能療癒心靈，舒緩身心，讓生活在緊張都市的台北市民，能夠在工作與日常中找到平衡，另外，園藝治療庭園（healing garden）在醫療院所的應用也非常重要，越來越多的據數可以佐證從事農耕園藝對人可產生正面的效果。

第五論是「農普教育」，跟農育及食育有關係，面對急速都市化發展，需以新思維鏈結城鄉，發展農業學科普及教育，例如在日本豐岡市，利用改變種植稻米的方法，復育東方白鸛，其中很重要的一環是在國小操場種稻並觀察鳥類的變化，讓每個家戶對農業所造成的環境影響有點概念。

第六論是「農食交流」，台北有很多從不同地區來的市民，每種文化、每個人都有不同的飲食習慣，如美國園圃中常有亞裔、南美裔等不同族裔的人聚在一起，彼此種些特殊的作物，應用在家鄉料理上，大家互相交流，同時學習不同的文化。

第七論是「農流平台」，農業是個科學，可以利用AI大數據、區塊鏈等方式搜集資料，改善農耕的品質與方式，也可以讓市民更瞭解農業，如日本出版的食通信雜誌及食鮮限時批書籍等，介紹與銷售農產品，在台灣也有人開始出版食通信進行農產品推廣。

第八鑰是「農青串聯」，強調的是青年加入農業的重要性，希望藉由台北農青與台灣及全球農青的串聯，彼此進行交流聯絡與知識激盪，開創農業的新局面，如在新加坡就有一群人利用都市中的屋頂進行生產型農業。

第九鑰是「農食匠藝」，農耕採收後的作物，可以做成好吃的佳餚，原來，買菜、烹煮、食用過程中的種種細節，可以使很多人產生共鳴，並連結在一起，進行不同的實驗與研發。

第十鑰是「農科青創」，在世界各地的都市中，很多人都希望可以利用有限的土地進行大規模的商業化農業生產，在日本及美國發展開始有人發展高度科技化農業，如水耕、魚菜共生、雲端控制，甚至是農業服務業，販賣高科技農業的程式碼及相關服務。

都市農耕的下一步，讓我們一起延續鏟子革命的精神，在「利用社區園圃在社區種植」的基礎下，拓展參與者族群的廣面及深度，並持續將觀念推廣，讓都市農耕成為一種生活態度，增加都市農耕在各環節與各面向的需求，刺激更多人發展出更完整及多元的產業鏈，達到都市農耕永續發展、城市共生的願景。

參考資料

「田園銀行」網路平台
林怡廷。〈不可能的創意，可能的實踐——都市種菜正熱門〉。《光華雜誌》（二〇一五／六月）。
華山綠工場活動紀念冊，台北市政府都市發展局出版。
「田園城市」臉書專頁

12

〔環境萌芽〕還我特色公園行動聯盟：在城市肌理植入遊戲種籽

李玉華——文

教戰守則

- 整個城市都是我的遊戲場：城市中的每一個角落都要讓人看見孩子的自由遊戲。
- 自己的公園自己顧：特公盟，只是每個公民身旁那個具備較多專業知識的公民團體。
- 合作式公民參與：政府部門、專業設計者和使用者經驗，缺一不可的齊學共作。
- 以全球兒童遊戲運動網絡作為智庫：國際案例經驗↓草根操作↓他方論述印證

PARKS AND PLAYGROUNDS FOR CHILDREN BY CHILDREN: PLANTING SEEDS OF PLAY IN THE URBAN FABRIC

台灣都會化環境下的親職教養術

親職教養術，在這一個中產階級對「教養」極度焦慮的年代，正在百花齊放、萬家爭鳴。教養術光譜上，我們常見到「直昇機親職」、「虎媽」、「除草機親職」、「外包親職」、「野放親職」或「樹懶媽」等名詞[1]，針對教養的主力——母職——在各種層面研究探討。而各類專家、學者、網紅及素人，也常對於母職個體提出各種教養術，為得就是要親職照護者能夠適切關注一個國家的珍貴資產——兒童。

然而，對我們這些二十—四十歲區間的年輕媽媽族群來說，每每話語最後都會落在「媽媽這一個體」應該怎麼操作，孩子才會被媽媽教好，「媽媽這一個體」該怎麼操作，孩子才不會被媽媽教壞。

顯然，大家都忘記了，當全球各地為了更好的下一代，將「兒童友善城市」當作國家政策、把「兒童遊戲」當作治理方針時，台灣仍缺乏策略與結構，讓親職照護者能夠糧食、彈藥充足且無後顧之憂地教養小孩。於是，一位媽媽接著另一位，被逼著站了出來，在托育政策、在多元性平、在弱勢扶助，當然還有在友善空間等面向，提出基礎訴求。

當電視劇《你的孩子不是你的孩子》的熱潮，再次掀起媽媽個體的焦慮時，筆者希望藉著這一篇章呼喊：「的確，你的孩子，不只是你一位媽媽的孩子，而是整個社

1 親職型態的原文分別是：直昇機親職（Helicopter Parenting）或老虎媽（Tiger Mothering）、除草機親職（Lawnmower Parenting）、外包親職（Outsource Parenting）、到野放親職（Free Range Parenting）或樹懶媽（Sloth Mothering）。

區鄰里要共養、整個國家社會要負責的孩子」。一位媽媽的心力、知能和資源有限，如何才是最不非難單獨一個媽媽個體，且適合每一位親職照護者的親職教養術？怎麼幫親職與兒童「以遊戲為改造路徑」去「撐空間」，獲得喘息？

特公盟的我們，望向帶著孩子日常走跳的公共空間，發現有時候硬體空間改造了，隨附的韌體（如：營造親子友善氛圍的機制）和形塑空間的軟體（如：對兒童遊戲主體的尊重），也需要跟著硬體空間而挪動位移。但是，什麼是符合親子使用者基礎需求的硬體空間？回想我們自身，因共學團體群聚及遊戲的關係，日常聚集在城市裡的唯一戶外綠地——公園及其附設兒童遊戲場——就是體感感受最深刻的公共空間。

不只是媽媽而已——媽媽還能是什麼？

台灣的公共兒童遊戲空間，長期被忽視，沒預算、沒設計、更沒品質，白話就是：「你公園搞成這樣，要我怎麼養小孩」？不過，如果變成一個依據使用者需求設計建設的公共空間，參考親子真實使用經驗，硬體設施符合需求、親切友善的圖文告示，加上親子使用者進出帶來的流動，一塊塊原本只是靠官僚僵直思維和便宜行事產業鍊環環相扣去拼湊的城市肌理，就會被植埋進一

圖12.1
媽媽——是能帶孩子畫出心聲、寫出意見的兒童權利倡議者。2017年三峽在地親子向新北市長陳情。

顆顆兒童主體的遊戲種籽，就像在皮下針灸植入藥劑，藥效便在肌理擴散影響。

在這樣被柔化生根的城市脈絡當中，我們才能在眾力協同撐出的實質空間下，讓孩子長出適性主體的生命萌芽。

親子使用者本身、政府機關、民間機構、景觀建築、都市規劃、設計專業、親職研究、幼兒教育、社會學者、設備廠商、社區工作者等所有關係人，面對兒童公共遊戲空間重災區，需要攜手合作將「兒童主體需求促成自由遊戲」的硬體裝置設施，放入「全人多元特色促成適得其所」的共玩空間設計。以上這些，儼然形成特公盟的終極關注及核心論述——所謂以「親職教養術」為基底、「遊戲為路徑」的城市改造方法論。

媽媽，不只是媽媽而已了，一群由媽媽所領銜的親職照護者，成為兒童人權倡議運動的一分子。

親子使用者需要的是個被生活的城市

親職教養術和反造城市或城市共生有什麼關係？從使用者需求及經驗，來主導城市空間規劃設計的角度觀看，也許就比較能理解，為什麼我們這一群媽媽領銜的親職照護者，要帶著所有人一起看見「親子」這一個使用者族群，讓這群人「被常規化地成為城市設計不可或缺的一員」，讓城市可以真正涵融其使用者的生命。

德國都市地理學者海爾曼（Gerben Helleman）的研究，探討了「被規劃的城市（planned cities）」和「被生活的城市（lived cities）」中間的拉扯張力，他將桑內特（Richard

Sennett）新書《建與住：城市的倫理》[2]中的對照表截出，討論專業者去規劃、設計和建造的城市，與使用者去經驗、實作和充滿的城市，兩者的型態是很不同的。

二〇一八年，他曾為文摘要各家大師的看法，建議現代城市都應該是「開放式的城市（Open City）」，而每一個身在其中的一員都將能顯現自身「獨特的差異性」，與他者持續溝通協調，直到都市規劃者將所有可能的「城市形式（Urban Forms）」都實驗且實作過，使所有人在這樣的城市空間內都能過著簡單舒適的生活[3]。

以下篇幅，就讓筆者用「還我特色公園行動聯盟」（特公盟，PfC, Parks and Playgrounds for Children by Children）這三年多的故事，帶大家看看台灣版的「由上而下制式結構的城市治理「願景」」、「實務規劃設計」和「由下而上自發創意的使用者主體需求和經驗」之間，各種各樣的拉扯張力之下，每一位有著獨特差異性的成員，如何從台北市、新北市、基隆市、台南市、高雄市、花蓮市，甚至全台各地，結合成一股改造城市的力量。

表12.1｜被規劃的城市和被生活的城市的對照表。（來源／Sennett, 2018）

被規劃的城市	被生活的城市
由上而下	由下而上
街道、廣場、建築	社交結構
政府、政客、主管、政策制定者	居民、使用者
願景、理想	真實世界
問題導向、供應導向	解方導向、需求導向
主題知識	區域知識
統計數字	磚瓦石塊
致力於都市化平均值	社區鄰里認同是起始點
垂直官僚體制、分級制度	平行合作關係、人際網絡
建造一座城市	成為一座城市
結構、組織化的	自發性的
都會層級	個體層級
組織動員、藍圖	有機體的、循環過程
房舍	家園

誰組成「還我特色公園行動聯盟」？

特公盟，是一個結構鬆散但行事機動的團體，發起人林亞玫常自嘲大家是一組「雜牌軍」人馬，只要是公園改造範疇內任何該做的事，就會有自發自學的成員主動跳坑和補位將其完成。但是，這樣的一群人，是怎麼聚集，並在三年之內，促成台灣許多兒童公共遊戲空間的改變呢？

這就要從二〇一五年十月二十八日這一天說起。當時，開始發起這個運動的成員，是一位經常帶著三歲多孩子參加共學活動，並到台北市幾個公園玩耍的全職媽媽，也就是發起者本人，她發現一處原住民公園的磨石子溜滑梯被拆除了，一開始感受到好像有點生氣，但還沒有那麼在意，或許對自己的衝擊，還沒有那麼直接。

沒有想到「今天這樣搞他家，明天就會拆我家」，後來工程圍欄框住的，變成是她家附近的青年公園，而拆掉的是孩子最愛玩的太空堡壘磨石子滑梯，和一座瑞典原裝進口的高塔滑梯，她發自內心憤怒想著：「政府為什麼不能聆聽真正使用者的聲音？我不要被動接受，我要主動地去爭取。」看著施工告示牌上寫著「為了創造更舒適的遊憩空間，懇請您給予支持。如果您有建議，請致電：台北市民當家熱線1999」，她拿起電話反映心聲，但那一天台北市工務局公園路燈工程管理處的回答，

2 原文書名 *Building and Dwelling: Ethics for the City*，海爾曼指的是二〇一八年二月在德國出版的版本。其精裝本曾在二〇一六年出版，平裝本則在二〇一九年會再版。

3 原文來自海爾曼的部落格 Urban Springtime 的摘要文章，筆者與其通訊聯繫過特公盟將其概念翻譯摘要的想法，對方欣然同意分享。

圖12.2
2015年11月28日，所有關心「公園遊戲設施被拆除」相關議題的成員聚集在台北市政府前陳情。

卻僅是：「依法行事。不符合國家標準CNS，為了小孩的安全，所以拆了。」

因此，她開設了「還我特色公園」臉書社團，從推動兒童人權的共學社群開始，一位又一位，積極加入來自全台各地、各行各業的成員，同時也發起網路串聯連署，收集到一共三千多名關注這個議題的簽具，「還我特色公園行動聯盟」於是儼然成形。

接著，這一群每天都會帶著孩子到公園活動的上百位媽媽、爸爸和孩子，因為社群網絡一呼百諾而聚集，有公關行銷背景並負責媒體和政策網絡的幾位成員，促成了二〇一五年十一月二十八日在台北市政府前的陳情記者會，告訴媒體、群眾以及政府相關單位：「兒童的遊戲，是他們的生存權，他們有權利為自己的遊戲空間表達意見。

眾人要求台北市政府停止拆除磨石子溜滑梯、不再裝設『罐頭遊具』，甚至要讓『整個城市都是孩子的遊戲場』，台北市才能成為真正的兒童友善城市。」

雖然有個響亮的名稱，「特公盟」卻仍以一個結構鬆散但行事機動的模式在運作。台北市政府自此開始，召開與公園及其附設兒童遊戲場相關會議，便會邀請這一群成員出席，以兒童代言人和親職身分，帶著自己和盟友的孩子，行使聯合國兒童權利公約[4]第十二條「兒童參與（表意）權」（Right to Participation）和第三十一條的「兒童遊戲權」（Right to Play）。

兒童遊戲權及兒童參與權倡議團體

「兒童參與表意權」是什麼？

從台灣有公園及其附設遊戲場的公共基礎建設以來，極少有使用者實質參與及表達意見的案例。兒童是國家基礎，包括各種不同身心能力狀態的兒童。對孩子來說，讓兒童現身表達意見和參與所有建置公共遊戲空間的過程，代表的是溝通和表達；結合思想和行動，則滿足了孩子成就感、靈感、動感和使命感。我們積極促成不同年齡參與表意的方式，如透過遊戲模式（如兒童遊戲工作坊）的需求觀察及意見萃取，同時給兒童被理解和主動反饋的機會，使其能表達對公共遊戲空間的感覺和意見。

那麼，兒童遊戲權又是什麼？

4 聯合國兒童權利公約（The United Nations Convention on the Rights of the Child），主要提到兒童不被歧視、兒童最佳利益、兒童生存及發展和兒童聲音被聽見的權利。

簡單來說，因為兒童是相對弱勢，兒童遊戲場就是要鞏固兒童的空間使用權利。這個社會對兒童往往是輕忽的，整個童年都在準備成長，為長成大人做準備，但事實上「玩」對兒童很重要，要好好長大就要玩得足夠。但公共遊戲空間能否讓孩子使用？一個空間能否符合孩子身心發展？特別是當兒童有各種不同能力、不同身心狀況？成人盪鐘鞦韆十分鐘的玩，和小孩盪二—三小時的玩，差異甚大，對於成人，那稱作「休憩娛樂」，對於兒童，那名為「成長發展」。所以兒童遊戲權，實際上是名符其實「兒童生存成長」的權利。

記者會後，台北市的公園改革似乎開始動起來，而我們也不斷到全台各地分享一開始「爭取保留磨石子滑梯」的故事，希望議題繼續擴散到全國。但每到一個地方，就發現各地公園幾乎長得一樣，建築工程許可由毫無兒童身心發展及遊戲專業的廠商取得，甚至連景觀設計專業經常都沒有發揮的餘地。在極短工時和極少預算下，僅在公園劃定某處為兒童遊戲場空間，擺放品質堪慮、低齡缺挑戰且模組制式「罐頭遊具」，於是，我們的訴求增加了「拒絕罐頭遊具」這一個重點。

在英國，像台灣罐頭遊具這樣輕忽並便宜行事的組

UNCRC委員Lundy教授的兒童參與模式

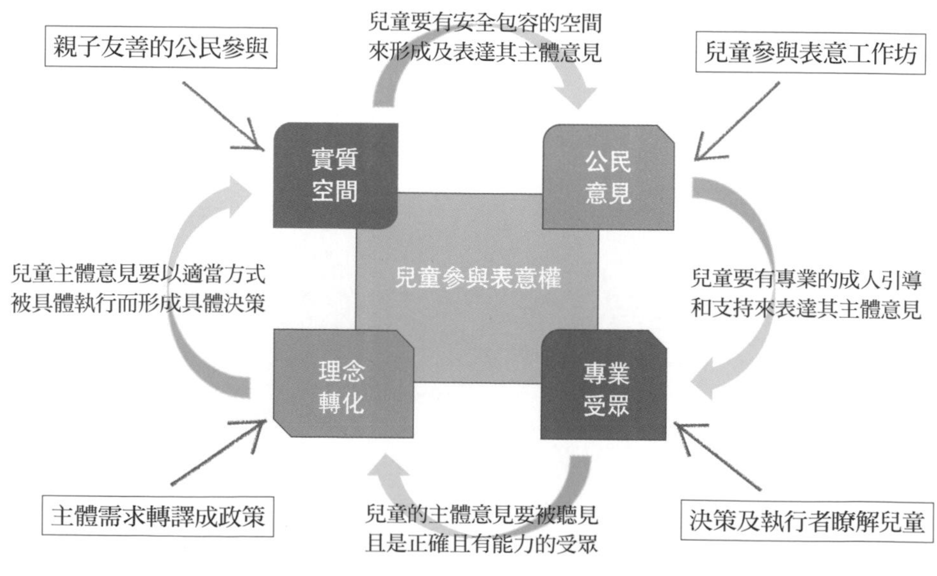
親子友善的公民參與
兒童要有安全包容的空間
來形成及表達其主體意見
兒童參與表意工作坊
實質
空間
公民
意見
兒童參與表意權
兒童主體意見要以適當方式
被具體執行而形成具體決策
兒童要有專業的成人引導
和支持來表達其主體意見
理念
轉化
專業
受眾
主體需求轉譯成政策
兒童的主體意見要被聽見
且是正確且有能力的受眾
決策及執行者瞭解兒童

合，被稱為「肯德基」（KFC〔identical Kit, Fences & Carpet areas〕，指長得很類似的組合遊具、圍欄和地墊區域）。在美國，這組合則被叫作「麥當勞模式」（McDonald's model），意指訴訟文化中因規避風險而移除「危險」遊戲設備，並以「安全」鋪面與遊具取代。

這一類複製貼上的嚴重情況，讓我們重新思考如何喚起孩子本身和他們的親職照顧者的關切。於是幾個每天都會和孩子拿繪本說故事的媽媽，開始了我們的「故事行銷」。支持特公盟理念的畢恆達老師所翻譯的《橘色奇蹟》，成為特公盟每次在活動攤位分享、擔任演說宣講時，必定會拿出來說給孩子和親職聽的故事之一[6]。

從使用者到弄懂所有專業的公民使用者

當時經濟部標準檢驗局制定的國家標準（CNS, Chinese National Standard）中，有兩條涉及公共戶外兒童遊戲場的條目CNS 12642及CNS 12643，而台北市政府當年（二〇一五）九月，執行公園兒童遊戲場場域設備普查和檢驗，發現全市公園內的磨石子溜滑梯都不符合國家標準ＣＮＳ，會危害兒童的安全，因此主責單位公園路燈管理處開始進行地景化改善工程，意即：將不符合ＣＮＳ的設施，修改成只能看不能玩的

5 Professor Laura Lundy，現職愛爾蘭貝爾法斯特女王大學社會科學學院教育與社會工作系教授。專長是聯合國兒童權利公約的實踐、兒童參與決策的權力家庭教育與社會保障法、教育權。

6 其他還有《街道是大家的》、《咻！溜滑梯》、《噗！盪鞦韆》、《我們的秘密研究基地》、《家園》、《公園裡的聲音》、《遊戲場發生什麼事？》及景觀設計書《玩遊戲、瘋設計》等。

圖12.3
2017年末，聯合國兒童權利公約國際審查委員蘭迪教授來台，這是他提出的兒童參與模式。[5]

設施，無法改善的話則全面拆除，並以塑膠套裝遊具取代。

對於我們這一群素人，國家標準CNS是一個非常陌生的名詞。為了不在任何會議上持續被公部門、設計師和廠商再用國家標準CNS的理由搪塞，聯盟中幼教專業和職能訓練背景的成員，開始負責擔任所有成員的專業培訓總舵，一邊找幼教學者研習兒童發展課程、一邊找景觀建築專家求教設計原理，一方面邀請業師講授CNS法規、另一方面則和特教領域教授請益不同能力兒童的需求差異。只為了讓第一線的特公盟成員，在面對公部門承辦、設計師、設備廠商及所有在地民眾時，不再只是一般的素人，而是備足知能、把所有關係者都橋接起來，以利達成最佳結果的專業使用者，在有話語權的位置上，繼續替所有兒童代言發聲。

特公盟在三年多的倡議日子裡，參與過無數無酬的大小會議與場勘討論，除台北市與中央部會層級的會議之外，都是由主責新北市事務的幾位成員在鎮日積極奔走、運籌帷幄。而積極投入成員眾多，背景包括社區規劃師訓練、行銷活動、設計文宣、繪本說故事專長、社運知青電影人，而原本就是景觀建築專業背景的部分成員，則在各種設計討論時，提供許多串接親子使用者和設計雙方思維的建議。許多成員在成為親職前，本來就是支持社會議題的「憤青」，爾後成為「憤媽」，例如一

圖12.4
兒童人權活動上，特公盟成員拿繪本《街道是大家的》來說故事給孩子和陪伴的親職照護者聆聽。

對頁｜圖12.5
四處可見的公園遊戲場，從南到北每一座幾乎長得一樣，這就是「罐頭遊具」一詞的由來。

位法律背景成員和他的律師伴侶，負責解答團體中每一位素人對於法律的各種疑難雜症。

有的成員，則是在發起運動後才驚覺，原來台灣的公園和常到歐洲差旅看見的公共兒童遊戲空間相比之下天差地遠，感受到孩子被自己國家虧待，於是揪集一群語文專長或是翻譯專業背景的媽媽，把國外優質遊戲空間設計案例和兒童遊戲友善文化等論述，引介回台灣各類媒體平台，如《親子天下》、《眼底城事》、《獨立評論在天下》、《鳴人堂》，還有從科學角度分析的《PanSci泛科學》。

有的成員負責擔任每一場工作坊的孩子王，引導孩子玩各式各樣的遊戲，也有的成員去申請社團法人的立案，有人負責拿手的行政庶務和財管，有人在群募和圖文設計上焚膏繼晷，也有成員負責政策研擬、聯盟發言，甚至有成員親身走訪紐澳美加歐洲各地、串連國際友盟，就是希望讓台灣親職和關注人士，能看到不同國家對孩子遊戲的重視和多元豐富的遊戲空間形式（包括：商業量產式、幼齡專屬、資源再利用、自然系、挑戰式、樹冠層、共融性、水遊戲、鬆散素材遊戲、冒險遊戲、野性遊戲、創客遊戲、街道遊戲

或是復育台灣的童年如「黏巴達」[7]等）。

讓全世界的遊戲倡議網絡來當智庫

驚悚的是，當我們越是帶著大家一起看到不同國家對孩子遊戲的重視，越是驚覺台灣對於兒童與親職的忽視。少子化的現象，加上敬陪末座的新生兒出生率，並沒有讓政府因此在公共、非營利等多元托育或基設政策上茅塞頓開，也沒有因而把兒童遊戲政策當作是可以從城市層級拉抬至國家層級的一劑維生素。

兒童權利公約在國內的施行仍然只是表面文章，公共遊戲空間法令及管理辦法過時無效，教育部、衛福部和內政部對於兒童遊戲的責管，仍維持「民不動、我不動」。當芬蘭把「社區育樂公園（Leikki-puisto）」作為公共托育一環的消息傳來，特公盟更堅信將「遊戲空間當作親職教養術」，會是台灣親職能夠自助自救的方法之一。當國家沒有把「養孩子」這一件事當做份內之事，特公盟的成員就要把「大家的孩子大家一起養」這一件事，當作是「全世界的專家都可以幫台灣親職」的一件事。

二〇一六年，在一場民間研討會上遇見蓋出「共融同玩：瑪格麗特・梅喜家庭遊戲場」的景觀設計總顧問漢米爾頓（Catherine Hamilton），他的作品透過孩子的歡笑，在紐西蘭基督城震災後，把人民對

圖12.6
2018年初召開會員大會，特公盟終於在同年十月以社團法人NPO／NGO形式運作。

這一座城市的信心給找回來，讓城市因而復甦。特公盟成員便向他討教怎麼設計出這麼成功的遊戲場？他的回答言猶在耳：「孩子才是公園的主體，要傾聽孩子的聲音。」

而要怎麼傾聽孩子？當我們得知日本著名社區設計師山崎亮將到訪台灣，我們便追到機場向他本人求教。他提點了我們「遊戲孩子王（Play Leader）」以及「地方創生」這兩個核心概念。接下來兩年，曾前前後後給我們倡議兼實踐充沛靈感的，還包括美國的共融遊戲空間學者、澳洲的自然遊戲空間設計師、荷蘭的景觀建築講師、德國的冒險遊戲機構Kolle37、日本的遊戲倡議團體Tokyo Play、新加坡的兒童福祉團體Chapter Zero、英國的Arup城市規劃顧問、兒童權利學者、遊戲政策制定作者以及英國街道遊戲Playing Out發起人。最後這位發起人還因為我們的積極串聯而接受訪問，登上美國CityLab專題和英國BBC廣播節目。

二〇一六年，幾位核心成員和「眼底城事」規劃專業人士，在等待政府部門緩慢改革、廠商和設計師在各個公園遊戲設計案練習同時，抱著「自己的公園自己蓋」的信念，申請了信義房屋「社區一家」計畫獲得獎助金，在同安街一處公園嘗試執行一年專案，帶著自己孩子，在地參與及空間手作，最後獲得了一個珍稀觀點：孩子的遊戲，不一定要從遊具產生，他們可以透過與空間產生關係，來發明玩的方法。所以，同安街這個公園，反而有在地意見表示：「不要溜滑梯或沙坑，我們要社交性的遊戲空間」。

在二〇一七和二〇一八這兩年之中，特公盟獲台北市公園路燈處支持，和設計公

7 台灣孩子的童年廣場（Retro Place of Childhood），是粘巴達假日學校的粘峻熊校長，在竹北的溝貝親子童年廣場試圖打造的一個台灣黃金童年遊戲文化復興運動的基地。

上｜圖12.7
為時2年，經過在地公民參與、規劃設計及工程，以森林生態和冒險挑戰為主軸的天和公園成為市政亮點。

左｜圖12.8
台北市榮星花園設計圖討論，來了十幾位小朋友，是台灣近年首座開始加入兒童意見的公園改造案例。

司一起實驗「以兒童為主體」的中央藝文遊戲工作坊和青年公園挑戰遊戲工作坊，希望兒童遊戲及兒童參與的倡議，不是淪為標語口號，而是在遊戲過程中將「遊戲孩子王」這個國外執行多年的概念，實際演練並將所需特質、需注意的細節以及工作項目清楚紀錄下來，看見孩子遊戲的本質是什麼，瞭解兒童如何遊戲，並透過觀察兒童自由遊戲的行為換位思考、同理、紀錄並轉譯，運用設計思維（Design Thinking），最後萃取出需求來履踐實作，替未來越來越多的兒童參與式工作坊，給出示範案例以資參照。

「賦權」兒童則是另一個重點，因為孩子未來終究會長大，會從小公民變大公民，會去關心自己生長的土地，這一個細微深植在孩子心房的種籽，才是兒童參與工作坊的長遠目標，培養小小公民，覺知對自己生活環境的權利，未來變成自由自在表達自己意見的大大公民。

「產公社盟親」齊學共織社會的遊戲網

前述提到，公園遊戲空間的改革速度，還是遠不及孩子成長的需求。這時候，台北市與新北市的參與式預算計畫，讓我們可以用「衛星公園」的解方，來處理「需求遠大於供給、滿足不同需求」的窘迫，因為每個孩子的需求，不可能在每個公園中一

8 摘自〈側寫「特公盟」：一群非典型產品經理，讓你知道同理心有多難〉，作者 Seal Tseng 於五月十日的部落格貼文。見 https://medium.com/as-a-product-designer/寫寫-特公盟-一群非正軌的產品經理-以及她們啟發我的事-7095de86abd9。

網打盡實現。於是，在社區鄰里小型公園的層級，我們讓某一遊具有搖擺功能、另個有旋轉功能、那個有溜滑功能、核心的有上肢體跟協調性功能，咫尺之內，把功能一點一滴從各向度填補齊備。在政府緩步挪移時，我們在有需求的社區鄰里中，提出改善提案，採由下而上、由外包內的合作式思維，讓設計師有機會操演、期待公部門進步，也和產業端、社區端、友盟端與在地親職「產公社盟親」攜手，同步將公共空間遊戲網，一條一條編織建構起來，接住一個個「靠遊戲才能好好長大」的小孩。

二〇一七年底，特公盟獲頒La Vie Creative Awards台灣創意力100社會實踐獎，而在二〇一八ＭＩＸ設計年會上，聯盟發起人更受邀擔任社會實踐演說主講。一位參與者事後在部落格上分享：「我原以為她們只是一群憤怒的媽媽，但她們其實是公園的產品經理，正協助孩子設計一個適合他們的遊戲場。在公園遊戲的孩子就是使用者，當媽媽聽到孩子抱怨不好玩的聲音，觀察到這些小使用者的需求，傾聽、理解進而轉譯，並化身產品經理，向執行的政府機關提出訴求。」[8]

不只是把訴求提出給政府機關，和設計師的合作和溝通，更是雙方培力成長的互惠。舉例來說，台北市華山公園，是第一個設計師願意聽公民團體意見，把自然鋪面和在地歷史同時放在公園裡面的案例。另一個則是樹德公園，公民團體跟設計師合作，當設計師聽到孩子往上攀爬的需求，就去找另一個設計師諮詢製作細節。不過，特公盟成員的精氣神，是無法遍及所有公共遊戲空間的，除了特公盟，我們希望讓每一個在地親職都有能力「自己的公園自己顧」。

一 期許成為台灣兒童遊戲學集知平台

影響公共論述最快的方法，就是有成員負責在《蘋果日報》論壇、《親子天下》和《未來家庭》等媒體發表文章，推廣「遊戲對小孩發展很重要」的觀念。兒童心理發展背景的臨床心理師及職能治療師，開始強調台灣社會帶給孩子的現代文明病，我們如何為孩子去病症化及去標籤化，並努力強化沙坑、水、自然鬆散素材等對於兒童大腦、神經、感覺統合、情緒、社交等發展的重要性，期許親職教養從「焦慮禁制」轉換成「陪伴鼓勵」，討論嶄新且翻轉的「遊戲文化」，去談怎麼看待孩子間的衝突。還把進步觀念如有機產品一般賣給親職，親職就會為孩子營造出不同以往的空間。尤其是推廣「減少過多遊戲規範」的想法，鼓勵大人只是扮演孩子在遊戲空間中的媒介，重點是孩子本身從自由遊戲中的各類身心練習，以及和其它同儕或不同年齡層群體的社會互動。

成員們也將網路上所有遊戲相關資訊、各類翻譯、遊戲文化翻轉觀念、舊公園遭拆新公園開放、時事針砭及各種參與改造會議消息，日夜在特公盟粉絲頁放送，這些有新聞專業背景、妙語生花、文采豐茂的幕後小編，成功將參與公園改革的閱讀群眾吸引黏著，促成台灣遊戲文化大革命中不可或缺的一股群眾動能。

以上談及眾多行動，也同時激勵新北、基隆、台南、台中、高雄及花東等地，醞

9 其他還包括「自己的公園自己顧」社區鄰里團體，如三峽自主共學特約聯盟、友善三蘆改變公園、敦安公園改造計畫（台北市大安區）、新店特公盟、板橋特公盟、新莊特公盟、雙和特公盟媽（中永和）和淡水公園萌萌衝，還有專業人士的「職能治療師關心兒童遊具」等。

釀在地團體，如：「新北市公園跟罐頭遊具分手快樂」、「基隆特色公園養護計畫」、「台南也要特色公園」、「山城要自然、好玩、共融的公園」、「高雄特色公園ING」和「後山特色公園改建自建聯盟」等[9]，這些特有種團體與原生種特公盟往來互助，以不同的程度與型態在各處持續進行倡議、實踐和參與。

除了落地生根的公民參與、在地實作外，我們同時也跟英國參訪研習「街道遊戲」（Street Play），並在未來將跟日本和越南跨國研習「冒險遊戲場」（Adventure Play-ground），把成果介紹給台灣社會，然後再以「街道遊戲」群募，整合產官學研民等各方資力，更廣泛地讓社會大眾和產公學研看見「兒童自由遊戲的實質內在」的重要，傳達「兒童公共遊戲空間不足」和「兒童自由遊戲機會缺乏」的迫切議題。

未來，特公盟希望發展台灣自己的「遊戲學（Play-ology／PlayGround-ology）」。我們已集結有志之專家學者組成學研小組，透過遊戲學這一個「集知平台（Knowledge Hub）」，把國外翻譯案例文章、設計單位合作經驗、政府部門溝通機制、地方團體互動模式，或者街道遊戲執行SOP等珍貴經驗和相關專業知識廣泛散播出去，讓人人都能簡單上手，爾後逐漸深入。

當依據使用者需求設計的公共空間，開始在台灣各處實踐，我們的環境未來就能真正涵融使用者的生命。重視孩子遊戲需求，以豐富多元的空間，促成每個孩子適得其所，城市每一絲肌理，被撒上幾顆遊戲種籽，讓兒童主體萌芽，以有機的面貌在台灣全國遍地百花千樹、萬象盛開。孩子在遊戲中學習、發展和成長的樣貌「被珍惜、被重視且被生活出來」，特公盟以「親職教養術」為基底、「遊戲為路徑」的城市改造方法，將漸漸陪伴親子使用者進行公民參與，為自己帶來不同以往的生活。

參考書目

Sennet, R. (2018). *Building and Dwelling: Ethics for the City.* New York: Farrar, Straus and Giroux.
台灣師範大學地理學系「公園遊戲場改造運動－焦點團體訪談」之「林亞玫部分」。
丹尼·平克華特（2002）。《橘色奇蹟》，畢恆達譯。台北：遠流出版社。

左岸設計 290

主　　編　侯志仁
總　　編　黃秀如
責任編輯　林巧玲
行銷企劃　蔡竣宇

社　　長　郭重興
發行人暨出版總監　曾大福
出　　版　左岸文化出版社
發　　行　遠足文化事業股份有限公司
231台北縣新店市民權路108-2號9樓
電　　話　（02）2218-1417
傳　　真　（02）2218-8057
客服專線　0800-221-029
E-Mail　rivegauche2002@gmail.com
網　　站　facebook.com/RiveGauchePublishingHouse

法律顧問　華洋國際專利商標事務所　蘇文生律師
印　　刷　呈靖彩藝有限公司
初版一刷　2019年5月

定　　價　450元
I S B N　978-986-5727-93-2

有著作權　翻印必究（缺頁或破損請寄回更換）
歡迎團體訂購，另有優惠，請洽業務部，
（02）2218-1417分機1124、1135

© 2019 Rive Gauche Publishing House
All rights reserved

反造再起
城市共生ING
CITY COMMONING

反造再起：
城市共生ING
侯志仁主編.
－初版.
－新北市：左岸文化出版：
遠足文化發行，2019・05
面；　公分.
－（左岸設計；290）
ISBN 978-986-5727-93-2
（平裝）
1. 都市計畫 2. 社區總體營造
545.14　108006555